JUILLET 1867.

COURS DE NOTARIAT PRATIQUE

COMMENTAIRE DES LOIS ORGANIQUES DU NOTARIAT.

(*Loi du 25 Ventôse an* XI.)

TEXTE. TITRE 1er.

Des notaires et des actes notariés.

SECTION 1re. — *Des fonctions, ressort et devoirs des notaires.*

ARTICLE PREMIER. Les notaires sont *les fonctionnaires publics* établis pour recevoir tous les actes et contrats, auxquels les parties *doivent* ou *veulent* donner le caractère *d'authenticité* attaché aux actes de l'autorité publique, et pour en *assurer la date*, en *conserver le dépôt*, en délivrer des grosses et expéditions.

COMMENTAIRE. — § 1er. — Du caractère des notaires.

SOMMAIRE.

A. Les notaires sont des fonctionnaires publics. N° 1.

B. Ils ont le droit exclusif de recevoir et d'authentiquer les [illegible] N° [illegible]

C. Les [illegible] libres de choisir leur notaire. N° 3.

D. [illegible] législateur sur l'importance des fonctions not[illegible]

E. Les notaires sont-ils des officiers ministériels? Nos 5 et 6.

F. Les notaires sont-ils des fonctionnaires de l'ordre judiciaire? N° 7.

G. Des outrages faits aux notaires et de la marche à suivre pour en obtenir satisfaction devant les tribunaux. Nos 8 et 9.

A. *Les notaires sont des fonctionnaires publics.*

1° Les notaires sont, suivant la définition contenue en l'art. 1er, des *fonctionnaires publics*. Ce n'est qu'en effet par une *délégation* de l'autorité souveraine, qu'ils ont le droit de recevoir les actes, de leur conférer l'authenticité et d'en assurer au besoin l'exécution par l'emploi de la force publique; *législateurs des intérêts privés, magistrats de la juridiction volontaire*, ils exercent sous ce rapport une partie de la puissance publique.

« Votre section, disait le rapporteur du Tribunat, « M. Favard, a d'abord reconnu que l'attribut le « plus essentiel du notariat pour toutes les classes de « citoyens, c'est d'authentiquer les conventions, d'en « certifier la date et de leur donner, en les recevant, « le caractère et la force de l'exécution parée. Le « notaire exerce ici une partie de l'autorité de la justice; ce qu'il écrit fait la loi des parties. Aussi on « ne saurait trop faire pour environner les notaires « de toute la dignité qui commande et inspire la confiance. C'est dans cette vue que la loi de 1791 « (Tit. 1, sect. 2, art. 1) les avait placés au rang des « fonctionnaires publics. C'est aussi la qualification « que leur donne l'art. 1er du projet. »

B. *Ils ont le droit exclusif de recevoir et d'authentiquer les actes.*

2° En second lieu, par cette expression *les notaires sont les fonctionnaires publics*, le législateur a consacré *leur droit exclusif* de recevoir *tous* les actes qui doivent avoir la forme authentique, soit par le vœu de la loi, soit par la volonté des parties; et ce droit exclusif est une *règle générale*, à laquelle il n'a pu être dérogé que par les dispositions positives et spéciales des lois postérieures.

Ce principe énoncé en l'art. 1er de la loi de ventôse n'est du reste que la confirmation d'une législation très-ancienne et toujours sévèrement maintenue.

Edits de François Ier, 6 nov. 1542 et 11 déc. 1543; Code Henri, titre 21, art. 14 et 26; Règlement du Conseil d'Etat privé du roi, du 27 mai 1727.

C. *Les parties sont libres de choisir leur notaire.*

3° Mais, d'un autre côté, si les notaires ont le droit exclusif d'authentiquer les conventions, la loi accorde aux parties *une entière liberté* pour le choix du fonctionnaire chargé de les rédiger. « Leur juridiction est « entièrement volontaire, dit Gagneraux, n° 2 : née « de la confiance, soutenue par la moralité, dès qu'on « s'en défie, on l'évite; dès qu'on la soupçonne, on « la récuse. »

D. *Opinion du législateur sur l'importance des fonctions notariales.*

4° Le législateur, en plusieurs circonstances, a défini le caractère et l'importance des fonctions notariales dans un langage précis et élevé, qu'il est utile de mettre sous les yeux de nos lecteurs :

« *Une quatrième institution est nécessaire, et à* « *côté des fonctionnaires, qui concilient, qui jugent,* « *la tranquillité appelle d'autres fonctionnaires*, qui, « conseils désintéressés des parties, aussi bien que ré« dacteurs impartiaux de leurs volontés, leur faisant « connaître toute l'étendue des obligations qu'elles « contractent, rédigeant ces obligations avec clarté, « leur donnant le caractère d'acte authentique et la « force d'un jugement en dernier ressort; perpetuant

« leur souvenir et conservant leur dépôt avec fidé-« lité, empêchent les différends de naître entre les « personnes de bonne foi et enlèvent aux hommes « cupides l'espoir du succès, l'envie d'élever une « injuste contestation. Ces conseils désintéressés, ces « rédacteurs impartiaux, cette espèce de juges vo-« lontaires, qui obligent irrévocablement les parties « contractantes, sont les notaires; *cette institution est « le notariat.* » (Extrait de l'exposé des motifs de la loi de ventôse par le conseiller Réal.)

« Le législateur de l'an XI, en donnant aux no-« taires le titre de fonctionnaires publics, a proclamé « l'importance de leurs fonctions, c'est l'étendue de « la confiance que le notariat doit inspirer, qui le « place dans ce rang élevé! cette confiance ne s'ap-« plique pas à des faits isolés. Les actes, pour les-« quels son intervention est réclamée, se rattachent « à tous les événements successifs de la vie de famille « et à toutes les transactions qu'amènent le mouve-« ment des affaires et les déplacements volontaires de « la propriété; c'est ainsi qu'appelés à constater les « volontés les plus sacrées et à donner force aux « droits les plus précieux, les notaires exercent une « *sorte de magistrature*, qui contribue puissamment « au repos des familles et au maintien de la moralité « publique. » (Extrait du rapport ministériel fait à l'occasion de l'ordonnance sur le notariat du 4 janv. 1843.)

E. *Les notaires sont-ils des officiers ministériels?*

5° Nous repoussons formellement la dénomination *d'officiers ministériels* que l'on a donnée quelquefois aux notaires, et avec les estimables auteurs du *Dict. du Notariat*, V° *Notaires*, n° 59, nous disons :

« Les notaires ne sont pas, non plus, *des officiers « ministériels.* Les officiers ministériels sont les au-« xiliaires des magistrats ; ils concourent avec eux, « mais dans un rang inférieur à l'administration de « la justice ; leurs fonctions qui se bornent en général « à celles de préparateurs de travaux, sont exclu-« sives de toute juridiction. Tels sont les avoués, les « huissiers, les commissaires-priseurs et même les « greffiers, bien que la loi leur confie une attribu-« tion plus importante. Les notaires, au contraire, « quant à l'exercice de la juridiction, n'ont aucun « rapport avec l'autorité judiciaire ; leurs fonctions « sont une délégation directe du souverain ; ils ont « une juridiction qui leur est propre.

« On dit que les notaires, comme les officiers mi-« nistériels, sont obligés de prêter leur ministère, « quand ils en sont requis, mais cette objection est « bien faible ; l'obligation de déférer aux réquisitions « des parties est commune à tous les fonctionnaires ; « elle existe pour les juges (C. N., art. 4) et pour « tous les fonctionnaires administratifs.

« Une autre objection résulte de l'analogie, qui « existe entre les fonctions des greffiers et celles des « notaires. Les greffiers qui sont des officiers minis-« tériels, sont chargés de rédiger les jugements ; ils « en gardent les minutes, et ils délivrent nonseule-« ment les expéditions, mais des copies en forme « exécutoire.

« Mais ce qui établit entre ces deux fonctions une « différence essentielle, c'est que tous les jugements « tirent toute leur autorité de la signature du juge, « tandis que les actes notariés reçoivent la leur de la « signature du notaire. Le notaire fait acte de ju-« ridiction, le greffier ne fait au contraire que certi-« fier l'acte d'une juridiction. »

Cass., 12 août 1833.

6° Néanmoins plusieurs auteurs soutiennent que les notaires sont des *officiers ministériels;* pour les uns (Rolland de Villargues, V° *Officiers ministériels*, n°s 4 et 5 ; Dalloz, V° *Notaire*, n° 229), pouvant in-voquer pour leurs honoraires le bénéfice de l'art. 60 du C. proc. civ., ils doivent être assimilés à ces offi-ciers et peuvent être considérés en quelque sorte comme les officiers ministériels de la *juridiction vo-lontaire;* suivant les autres, au contraire, (Carré, *Quest.* 2783; Favard, V° Off. min.; Toullier, t. VII, p. 265; Boncenne, t. 1er, p. 583), les notaires étant tenus de déférer à la réquisition des parties, doivent être rangés dans la classe des officiers ministériels ; car ce qui caractérise précisément l'officier ministé-riel, c'est l'obligation rigoureuse et stricte où il est de prêter son ministère, quand il en est requis.

Pour nous, le texte de la loi à la main, nous di-sons : Les notaires peuvent-ils être *en même temps* fonctionnaires publics et officiers ministériels? Evi-demment non. Or l'art. 1er de la loi de ventôse leur donne en termes formels la qualité de *fonctionnaires publics*, et nous demandons à connaître le texte de la loi postérieure, qui les *transforme* en officiers minis-tériels.

Cette distinction a cependant une grande impor-tance à plusieurs points de vue, et malgré les auto-rités considérables qui professent une opinion contraire à la nôtre, nous appuyant sur l'arrêt précité de la cour de cassation, du 12 août 1833 nous persistons à penser que la dénomination d'officiers ministériels est *inapplicable* aux notaires.

F. *Les notaires sont-ils des fonctionnaires de l'ordre judiciaire?*

7° Les notaires sont compris dans les attributions du ministère de la justice (Loi du 19 brumaire an IV) et sont placés, dans les cas prévus par la loi, sous la surveillance disciplinaire des tribunaux.

Mais il ne faudrait pas conclure de cela qu'ils sont des *fonctionnaires de l'ordre judiciaire.*

Cette proposition enseignée par Rolland de Villar-gues, V° Notaires, n°s 29 et suiv. ; le *Dict. du Not.*, V° Notaire, n° 68 ; trib. de Rennes, du 14 août 1852, est contredite par Chotteau, n° 3 ; Ar. Dalloz, V° *No-taires*, n° 14 ; Ed. Clerc, Commentaire de la loi de ventôse, n° 14.

Pour nous, nous déclarons avec ces derniers au-teurs que *l'utilité pratique et l'exactitude théorique* de cette classification ne nous paraissent nullement démontrées, *en droit et en fait*. Le Notariat est parfaitement *distinct* de la magistrature, et pour lever toute espèce de doute, il suffit de se reporter au passage de l'exposé des motifs de la loi de ventôse reproduit suprà, n° 4 : « Une *quatrième institution est nécessaire*, dit le conseiller Réal, *et à côté des fonctionnaires qui concilient, qui jugent*, la tranquillité « appelle *d'autres fonctionnaires*, etc., etc. »

G. *Des outrages faits aux notaires et de la marche à suivre pour en obtenir satisfaction devant les tribunaux.*

8° Il a été jugé néanmoins que les notaires ne sauraient être assimilés en ce qui touche les diffamations et les outrages publiquement commis contre eux, ni aux dépositaires ou agents de l'autorité publique dans le sens de l'art. 16 de la loi du 17 mai 1819, ni aux fonctionnaires publics dans le sens de l'art. 6 de la loi du 25 mars 1822 ; ils ne peuvent être considérés que comme simples particuliers et ne doivent donc subir que les pénalités établies par l'art. 18 de la loi du 17 mai 1819.

Cass. crim. 9 sept. 1836 ; Paris, 19 nov. 1836 ; Riom, 13 nov. 1846 ; Rej. 17 août 1849 ; Douai, 14 oct. 1850 ; Nancy, 21 juill. 1852 ; Bordeaux, 21 mars 1860.

Ed. Clerc. form. t. II, n° 16 : Rolland de Villargues. v° *outrage*, n° 3.

Le *Dict. du Not.*, v° *outrage*, n° 16 conteste ces décisions, sur le motif que l'article 1er de la loi de ventôse donne expressément aux notaires la qualité de fonctionnaires publics ; mais si nous examinons attentivement le texte et l'esprit des lois précitées, nous serons convaincus qu'elles s'appliquent spécialement aux dépositaires de la force ou de l'autorité publique.

9° *L'outrage doit-il être constaté par un procès-verbal du notaire offensé?*

Rolland de Villargues, v° *outrage*, n° 5, s'exprime ainsi :

« A l'égard de la marche, que le notaire auquel des outrages sont faits dans ses fonctions, doit prendre pour en obtenir satisfaction, nous pensons qu'il doit rédiger *sur-le-champ* sa plainte en forme de procès-verbal et qu'il sera bon qu'il y indique les témoins. Cette plainte devra être transmise au ministère public, à moins que le notaire outragé ne juge convenable de la communiquer d'abord à la chambre de discipline de son ressort. On sent que dans de pareilles circonstances un notaire ne doit agir qu'avec *circonspection; il y a des injures qu'il doit mépriser*. Il faut que le cas soit grave, pour saisir les tribunaux de débats toujours désagréables pour un homme public et souvent fâcheux pour le corps auquel il appartient.

Le *Dict. du Not.* donne le même conseil et ajoute, v° *outrage*, n° 19 :

« Avant de déposer sa plainte, le notaire la com- « munique *ordinairement* à la chambre de discipline. « C'est un usage qu'on ne saurait trop approuver. La « corporation est solidaire dans toutes les questions, « qui tiennent à l'honneur et à la considération de « ses membres. »

MM. Massé et Lherbette ne pensent pas que le notaire doive dresser procès-verbal particulier, de l'outrage qui lui a été fait, ni le constater dans l'acte qui y a donné lieu (*Jurisprudence et style du Notaire*, t. I, n° 6), par ce motif qu'il ne saurait attribuer aucun caractère d'authenticité à un acte où il se trouverait lui-même partie intéressée.

L'observation de ces estimables auteurs nous semble juste, d'autant plus que la jurisprudence assimile ainsi que nous l'avons vu suprà, n° 8, les notaires aux simples particuliers ; mais néanmoins la poursuite en police correctionnelle ne pouvant avoir lieu que sur une plainte écrite, un procès-verbal contenant *l'énoncé précis des faits outrageants ou diffamatoires et l'indication des témoins* la remplace parfaitement.

§. 2. — 1re **PRÉROGATIVE DES NOTAIRES** : *recevoir les actes et contrats, auxquels les parties veulent donner l'authenticité.*

SOMMAIRE.

A. *De l'étendue du mot* PARTIES.

11° En substituant le mot *parties* à ceux de *particuliers, individus et citoyens*, qui se trouvaient dans les projets proposés, la loi a voulu exprimer par *cette expression générique* l'étendue des attributions du notaire et indiquer que ce fonctionnaire public pouvait recevoir non-seulement les actes intervenus entre de *simples particuliers*, mais encore ceux où pouvaient figurer comme parties *contractantes* les corporations, les établissements publics, les corps moraux, les fonctionnaires les plus éminents et le chef du gouvernement lui-même.

Deux seules exceptions sont faites à cette proposition par le statut du 30 juin 1853 :

1° Pour les contrats de mariage des princes et princesses de la famille impériale, qui sont reçus par le chancelier ; néanmoins une copie doit en être déposée dans l'étude d'un notaire, pour qu'il en soit délivré copie comme s'il avait reçu la minute ;

2° Pour le testament de l'empereur qui doit être remis au président du conseil d'État.

B. *Étendue des mots* ACTES ET CONTRATS.

12° Ces expressions *actes et contrats* employées dans l'article 1er de la loi de ventôse indiquent :

1° Qu'il n'est aucun traité, aucune convention, aucun engagement permis par la loi, qui ne soient du ressort du Notariat ;

2° Que non-seulement le notaire peut recevoir tous les *contrats* contenant des engagements réciproques, mais encore attester par acte authentique tous les *faits* dont les parties veulent constater l'existence et perpétuer le souvenir, tels par ex. : qu'une prise de possession, un état des lieux, etc., etc.

C. 1re *distinction des actes notariés en* CONTRATS, ACTES *et* PROCÈS-VERBAUX.

13° Les *contrats* sont les écrits qui constatent des obligations, des engagements réciproques, tels que les ventes, les contrats de mariage, etc., etc.

La dénomination d'*actes* est exclusivement applicable aux écrits : 1° qui ne contiennent d'engagement, de déclaration utile et contenant obligation que de la part d'une partie ; 2° qui ne renferment ni obligation ni engagement, ne sont que les attestations de certains faits ; 3° qui établissent la libération pure et simple du débiteur ou le désistement de toute action.

Enfin les *procès-verbaux* servent à désigner les actes *de la juridiction contentieuse*, tels que les inventaires, les actes respectueux, etc., etc.

D. 2me *distinction des actes en* ACTES NOMMÉS *et* ACTES INNOMÉS.

14° Les actes *nommés* sont ceux qui dans le langage juridique ont reçu une dénomination spéciale et dans la législation sont réglés par des lois qui leur sont propres, tels, par exemple, que les contrats de mariage, les ventes les baux, etc.; les dispositions des *contrats en général* posées dans les articles 1101 à 1381 du C. N. ne leur sont applicables qu'en cas d'insuffisance ou de silence des textes spéciaux.

Les contrats *innomés* ne sont pas distingués par des noms propres, et tombant sous l'application d'une des quatre règles : *do ut des, do ut facias, facio ut des, facio ut facies*, trouvent leurs règles dans le texte des art. 1101 à 1381 du C. N. sur les *contrats en général*.

E. 3me *distinction des actes notariés en* ACTES SIMPLES, ACTES IMPROPRES *et* ACTES DÉPOSÉS.

15° Les actes *simples* sont ceux qui ne contiennent d'engagement que de la part d'une partie, tels qu'une obligation, un consentement à mariage, etc., etc.

Les actes *impropres* sont une catégorie d'actes, que l'on pourrait classer dans les actes *simples*, mais qui contiennent le plus ordinairement l'attestation d'un fait, tels, par ex., que les certificats de propriété, les certificats de vie, etc., etc.

Les actes *déposés* sont ceux qui sont remis à un notaire pour être placés au rang de ses minutes et qui acquièrent ainsi l'authenticité, lorsque le dépôt est fait par *toutes* les parties.

F. 4me *distinction des actes notariés en* ACTES PARFAITS *et* ACTES IMPARFAITS.

16° Les actes *parfaits* sont ceux qui sont revêtus de toutes les formalités requises par la loi.

Les actes *imparfaits* sont ceux auxquels manquent une ou plusieurs des formalités légales exigées pour leur validité.

G. 5me *distinction des actes notariés en* ACTES DE LA JURIDICTION VOLONTAIRE, ACTES DE LA JURIDICTION CONTENTIEUSE ET COMMISSIONS JUDICIAIRES.

17° 1re *Catégorie. — Actes de la juridiction volontaire.* Les actes de la juridiction volontaire sont ceux qui sont formés exclusivement par la volonté des parties, tels, par ex., que les ventes, les baux, les contrats de mariage, etc., etc.

Il faut poser en règle *générale* que [illegible] la juridiction volontaire rentrent ex[illegible] les attributions des notaires, et que [illegible] cette règle ne peuvent résulter que des [illegible]sitions expresses et spéciales de la loi, ainsi que l'indiquent notamment les art. 70 et 477 du C. N. et l'art. 486 du C. de Commerce.

18° *Énumération des actes de la juridiction volontaire.*

Il est en même temps inutile et impossible de donner la nomenclature exacte et complète de tous les actes appartenant à la juridiction volontaire ; car, d'une part les conventions des hommes peuvent porter sur une innombrable quantité d'objets, mais encore relativement au même objet, elles peuvent présenter des variations et des modifications très-nombreuses et très-diverses.

19° 2me *Catégorie. — Actes de la juridiction contentieuse.* En principe les actes de la juridiction contentieuse rentrent dans les attributions des officiers ministériels, attachés auprès des tribunaux civils et des tribunaux de paix ; ainsi donc, si les notaires ont le droit de dresser certains actes appartenant à cette catégorie, ce n'est que par *exception* et en vertu d'une disposition formelle et expresse de la loi.

Cette proposition est enseignée d'une manière plus ou moins expresse par la plupart des auteurs qui ont écrit jusqu'à ce jour sur le notariat. (V. notamment Dalloz, v° *Notaires*, n° 25 ; *le dict. du Not.*, vis *acte notarié* et *notaire* ; Rolland de Villargues, vis *acte notarié* et *notaire* ; Chotteau, *de la jurisprudence notariale*, art. 1er : Augan, page 69 ; Massé et Lherbette, p. 22 ; Gagneraux, commentaire de l'art. 1er ; et elle est consacrée par les rares décisions, que la jurisprudence fournit sur cette matière. (Bruxelles 23 mars 1811.)

De tous les auteurs M. Rodière est *le seul*, qui, dans une dissertation insérée dans l'ancien recueil de la *Revue du Notariat* et reproduite dans la jurisprudence de Dalloz, v° *notaire*, n° 253, ait posé en règle *générale*, que les notaires peuvent, concurremment avec les huissiers, faire *tous les actes et notifications extra-judiciaires étrangers aux exécutions parées.*

Cette opinion *isolée* n'a pas trouvé *d'écho* dans le Notariat, et dans la pratique les notaires s'abtiennent de dresser de pareils actes.

20° *Énumération des actes de la juridiction contentieuse permis aux notaires.*

Nous énumérons ci-après tous les actes de la juridiction contentieuse, qui, d'après la jurisprudence et la doctrine peuvent être dressés par les notaires :

1° Les actes respectueux ; (C. N. art. 151.)

2° Les actes d'appel ;

La déclaration d'appel peut être faite devant notaire, mais elle doit être notifiée par exploit d'huissier ;

3° Les inventaires et rectifications d'inventaires, dans tous les cas où la loi l'ordonne ;

4° Les offres réelles.

Un notaire peut faire les offres réelles et en dresser procès-verbal, mais il ne peut assigner devant un tribunal en validité de ces offres.

Gagneraux, n° 248 ; Augan, p. 62 ; Chotteau, p. 17 ; Toullier, t. VII, p. 293 ; Carré, t. II, p. 378 ; Dict. du Not., v, offres réelles, n° 18 ; Lyon, 14 mars 1827 ; Bordeaux, 30 juin 1836 ; Agen, 17 mai 1836.

Néanmoins Rolland de Villargues, v° *offres réelles*, n° 25 ; Pigeau, t. II, p. 462 ; Chauveau sur Carré et Delvincourt, t. II, p. 437, enseignent une doctrine contraire, et dans l'usage, les huissiers sont ordinairement chargés de faire cette espèce d'acte.

5° Les prises de possession ;

6° Les procès-verbaux de carence ; (art. 10 de la loi des 6-27 mars 1791 et art. 924 du Code de proc. civ.)

7° Les procès-verbaux de comparution et de dires ;

8° Les protêts ; (art. 173 du C. de comm.)

21° 3me *Catégorie. — Des commissions judiciaires.*

La commission judiciaire est une sorte de délégation, de mandat que les tribunaux accordent à un notaire pour certaines opérations autorisées par la loi dans cette forme.

22° *Énumération des cas de commissions judiciaires.*

Les cas où les notaires reçoivent des commissions judiciaires sont fort nombreux ; nous en donnons ci-après la nomenclature la plus complète possible :

1° Ils représentent les présumés absents dans les inventaires, comptes, liquidations et partages, dans lesquels ils sont intéressés ;

C. N., art. 113 et 114 et C. proc. civ., art. 942.

2° Ils représentent les interdits dans les mêmes opérations ;

3° Ils peuvent être commis dans les partages judiciaires, pour procéder aux comptes que les co-partageants ont à se rendre, ainsi qu'à la formation de la masse générale et à la composition des lots ;

C. N., art. 828, 831, 842 ; Proc. civ., art. 976.

4° Ils sont également appelés à concourir dans une multitude de cas aux ventes judiciaires, notamment :

A. Pour la vente des immeubles des mineurs non-émancipés ou émancipés et des interdits ; C. N. art. 459, 484 et 509 ;

B. Pour la vente des immeubles dépendant des successions vacantes ou bénéficiaires ; (art. 987 et 1001 du C. proc. civ.)

C. Pour la vente des immeubles des faillis et des débiteurs admis au bénéfice de cession ; (art. 574 C. com.)

D. Pour la vente des immeubles dotaux au cas prévu par l'art. 1558 du C. N. ; (art. 459 C. N. et 951 c. proc. civ.)

E. Pour les ventes sur licitation judiciaire ; (art. 827 et 1686 du C. N. et 972 du C. proc.)

F. Pour la vente sur conversion de saisie immobilière ; (art. 747 du C. proc. civ.)

II. 6me *Distinction des actes notariés en* ACTES SOLENNELS, *pour lesquels le ministère du notaire est obligatoire et en* ACTES NON *solennels, pour lesquels ce ministère est facultatif.*

23° Le principe de cette distinction existe dans ces mots de l'art. 1er de la loi de ventôse : *auxquels les parties doivent ou veulent faire donner le caractère d'authenticité, etc.*

En règle générale tout acte peut être fait indifféremment par acte sous seing-privé ou par acte notarié ; et si pour la plupart de ces actes, la forme notariée est *obligatoire*, ce sont des *exceptions*, qui ne peuvent résulter que du texte formel de la loi.

Les dispositions qui prescrivent cette forme notariée étant éparses dans nos codes, nous avons cru utile de donner une nomenclature aussi complète que possible des actes, pour la validité desquels le ministère des notaire est *obligatoire*.

24° *Énumération des actes solennels, c'est-à-dire, des actes pour lesquels le ministère du notaire est obligatoire.*

1° *Actes des personnes ne sachant ni lire, ni écrire, ou ne pouvant écrire, comme un aveugle ;*

2° Acceptation d'une donation entre-vifs ; (C. N., art. 932.)

Ne sont pas soumises à la forme notariée :

A. L'acceptation d'une donation indirecte faite en conformité de l'art. 1121 du C. N. ;

B. L'acceptation d'une donation déguisée sous un contrat onéreux, d'une remise de dette, d'une constitution de rente viagère faite dans le cas de l'art. 1973 du C. N., et enfin d'une renonciation gratuite à un usufruit, à des droits de créance, d'hypothèque et de servitude.

3° Acceptation de transport ; (C. N., art. 1690.)

4° Actes respectueux ; (C. N., art. 154.)

5° Adjudication judiciaire de biens meubles et immeubles ; (voir l'énumération *suprà* n° 22, sous la rubrique des commissions judiciaires.) Toutefois les tribunaux ont la faculté de retenir ces adjudications à leur barre.

6° Adjudication volontaire et aux enchères publiques de biens immeubles ;

Dic. du Not., v° Adjudication, n°s 31 et suiv. ; Rolland de Villargues, *eod. verbo*, n° 26 ; Gagneraux, n° 290.

Lettre du ministre de la Justice au procureur impérial de Bruges, du 15 oct. 1811 ;

Lettre du Procureur général de Paris, du 26 déc. 1818 ; Château-Thierry, du 14 avril 1838.

Néanmoins cette question est *sérieusement controversée* et suivant d'autres autorités considérables, aucun texte de loi n'interdit aux particuliers de vendre leurs immeubles aux enchères, sans le ministère d'un notaire ou de tout autre officier public.

Bruxelles, 2 juin 1811 ; Dijon, 20 janv. 1840 ; Amiens, 18 avril 1846 ; Req., 20 fév. 1843 et 19 mai 1847.

7° Affectations hypothécaires ; (C. N., art. 2127.)

8° Associations faites sans fraude entre un parent et un de ses successibles ; (C. N., art. 854.)

9° Autorisation du mari à sa femme destinée à passer un acte, pour lequel la forme notariée est nécessaire ;

10° Bail des lieux destinés au débit ou au dépôt des boissons ; (décret du 5 mai 1806.)

11° Bail des biens des hospices, (décret du 12 août 1807), des maisons ou biens ruraux des fabriques, (décret du 30 déc. 1809) et des biens de communes ; (ordonnance du 7 oct. 1818.)

12° Brevet (cession de) ; (art. 15, tit. 2 de la loi du 27 mai 1791.)

13° Certificat de propriété et d'individualité ; (art. 6 de la loi du 28 floréal an VII.)

14° Certificat de vie et de résidence pour les pensions et rentes viagères de l'état ; (décret du 21 août 1806, art 1er.)

15° Command (déclaration de) ; L. 22 frim an VII, art. 68 ; 28 avril 1816, art. 24.

16° Consentement A. pour l'adoption (C. N., art. 346.) B. à mariage des ascendants (C. N., art. 73) ou du tuteur *ad hoc* de l'enfant naturel ; (C. N., art. 159.)

C. Au noviciat d'une religieuse ; (déc. du 18 fév. 1809.)

D. A l'ordination d'un prêtre ; (déc. du 28 fév. 1810.)

17° Constitution d'hypothèque ; (C. N. art. 2127.)

18° Contrat de mariage et tous les actes qui s'y rattachent à titre d'addition, de changement ou de contre-lettre ; (C. N., art. 1394 et 1396.)

19° Décharges à donner aux monts-de-piété ;

20° Déclarations des titulaires de cautionnement au profit des bailleurs de fonds ; (décret du 21 déc. 1812.)

21° Dépôt de testament olographe ; (C. N., 1007.)

22° Donations ; (C. N., art. 931.)

A. La forme notariée est obligatoire pour toutes les espèces de donations, donations ordinaires, entre époux, par contrat de mariage, à titre de partage anticipé ;

B. Mais elle n'est exigée que pour *les actes portant donation* ; ainsi sont néanmoins valables, quoique faits sous seing-privé, 1° les dons manuels ; 2° les remises de dettes, (arg. des art. 1282 et 1283) ; 3° les donations indirectes autorisées par l'art. 1121 du C. N. ; 4° les constitutions de rente viagère faites dans le cas de l'art. 1973 C. N. ; 5° enfin les renonciations gratuites à un usufruit, à un droit d'hypothèque, de servitude, etc. ;

C. La renonciation par un héritier à une succession au profit d'un seul ou de plusieurs de ses co-héritiers *nominativement* peut-elle être faite valablement par acte au greffe ? Evidemment non, puisque cette renonciation modifiant les règles de la dévolution successorale emporte addition d'hérédité et constitue une véritable donation. Conf. Gagneraux, n° 81 ; Cass., 17 août 1815.

23° Echange avec le domaine de l'Etat ou de la couronne ; (décret du 11 juillet 1812 ; ordonnance du 12 déc. 1827.)

24° Ingrès ou dot des religieuses ; (déclaration du 28 avril 1693.)

25° Inventaires (L. du 16 mars 1791, art. 10.) excepté ceux dressés en cas de faillite ; (C. de com. 486.)

26° Mainlevée d'hypothèque ; (C. N., art. 2158.)

27° Mainlevée de saisie immobilière transcrite ; (C. proc. civ., art. 677.)

28° Notoriété (les actes de) ; (L. du 8 fruct. an V, arrêté du 27 frim. an XI.)

29 Obligations hypothécaires ; (C. N. art. 2127.)

30° Oppositions à mariage ; (C. N., art. 66.)

31 Obligations hypothécaires ; (C. N., art. 2127.)

32° Partages et comptes avec des mineurs ; (C. N., art. 828 ; c. proc. 976.)

33° Procuration. A. Pour faire une donation ou pour l'accepter; (C. N. 932.)

B. Pour constituer une hypothèque ; (Jurisprudence dominante, Cass. 19 janvier 1864.)

C. Pour consentir tout acte, qui doit être passé en la forme authentique ;

D. Pour se faire représenter aux actes de l'état civil; (C. N., art. 36.)

E. Pour s'inscrire en faux ; (C. proc., art. 218; code for., art. 179; loi du 15 avril 1829, art. 56.)

F. Pour toucher les rentes ou pensions de l'État ; (ord. 1er mai 1816 ; 9 janv. 1818 ; 13 oct. 1819.)

G. Pour récuser un juge; (C. proc. art. 384.) le prendre à partie; (C. proc. art. 111) ou désavouer un officier ministériel; (C. N., art. 353.)

H. Pour faire une opposition à mariage; (C. N., art. 66.)

I. Pour produire aux administrations publiques ;

J. Pour faire au greffe une renonciation à succession ou pour l'accepter sous bénéfice d'inventaire.

34° Quittances A. emportant la subrogation prévue par l'art. 1250 du C. N.

B. A l'effet d'acquérir la subrogation accordée par l'art. 2103 du C. N.

C. Des droits et reprises de la femme après séparation de biens; (C. N., art. 1444.)

35° Ratification des actes, pour lesquels la forme notariée est obligatoire;

36 Réduction volontaire d'hypothèque;

37° Rétablissement de communauté détruite par une séparation de biens; (C. N., art. 1451.)

38° Révocation du testament autre que celle contenue dans un testament olographe ; (C. N., 1035.)

39. Société anonyme (constitution d'une); (C. Com., art. 40.)

40° Suscription de testament mystique ; (C. N. art. 976.)

41° Testaments autres que le testament olographe; (C. N., 971.)

42° Ventes. A. Avec le domaine de l'Etat ou de la Couronne ; (déc. 11 juill. 1812 ; ord. du 12 déc. 1827.)

B. Aux enchères publiques des fonds de commerce, d'achalandages, de droit au bail des lieux, de brevets d'invention et autres droits incorporels, ainsi que des meubles corporels qui servent à l'exploitation des fonds et en forment l'accessoire.

C. Aux enchères publiques de bâtiments à démolir et de bois futaie.

25° A cette nomenclature il faut ajouter certains actes, qui peuvent être reçus *concurremment* par les notaires et certains officiers ministériels ou fonctionnaires publics, mais pour la validité desquels le ministère soit d'un notaire, soit d'un autre officier ministériel est *obligatoire*.

Ainsi les notaires reçoivent en concurrence :

A. *Avec les juges-de-paix :*

1° Les procès-verbaux de carence ;

Les notaires n'ont de concurrence pour cet acte avec les juges-de-paix qu'autant que ces derniers seraient appelés à faire une apposition de scellés ; (924, C. p. civ.)

2° Les nominations de tuteur et de conseil de tutelle ; (art. 392 et 398 du C. N.)

3° Les reconnaissances d'enfants naturels ; (C. N., 334.)

B. *Avec les commissaires-priseurs, huissiers et greffiers de justice-de-paix :*

4° Les ventes volontaires aux enchères publiques des fruits et récoltes pendants par racines et coupes de bois taillis, lors même qu'elles seraient faites dans le lieu de résidence des commissaires-priseurs; (Loi du 5 juin 1851.)

Cette concurrence existe-t-elle pour les ventes *judiciaires des mêmes objets ?*

Aff. Rolland de Villargues, *Juris. du Notariat*, art. 9439 ; *Journal des Notaires et des Avocats*, art. 11,748. Nous inclinerions également pour cette opinion. V. Bar-le-Duc, 10 mai 1867.

Négat. Jugement du tribunal de Vendôme, du 10 oct. 1851, qui accorde aux commissaires-priseurs un droit exclusif, lorsque la vente a lieu dans leur résidence.

5° Les ventes aux enchères publiques de meubles, lorsqu'elles ont lieu hors du lieu de la résidence des commissaires-priseurs.

C. *Avec les huissiers:*

6° Les offres réelles;

7° Les protêts ; (art. 173 du C. de com.)

8° Les prises de possession ;

D. *Avec les officiers de l'état civil:*

9° Les reconnaissances d'enfants naturels ; (C. N. 334.)

26° *Enumération des actes non-solennels, pour lesquels le ministère d'un notaire est facultatif.*

Il faut ranger dans cette catégorie tous les actes et contrats non expressément indiqués dans la précédente énumération, en vertu des motifs énoncés suprà n° 23.

I. 7° *Distinction des actes notariés en actes appartenant exclusivement au ministère des notaires et en actes qui peuvent être faits concurremment par les notaires et d'autres officiers ministériels ou d'autres fonctionnaires publics.*

27° Les notaires peuvent recevoir concurremment :

A. *Avec les juges-de-paix :*

1° Les procès-verbaux de carence.

Toutefois les notaires n'ont de concurrence avec les juges-de-paix qu'autant que ces derniers seraient appelés à faire une apposition de scellés ; (C. p. civ., art. 924.)

2° Les nominations de tuteurs et de conseil de tutelle ; (art. 392 et 398 du C. N.)

3° Les reconnaissances d'enfants naturels ;

B. *Avec les commissaires-priseurs, huissiers et greffiers de justice-de-paix :*

4° Les ventes volontaires aux enchères publiques des fruits et récoltes pendants par racines et coupes de bois taillis, lors même qu'elles seraient faites dans le lieu de la résidence des commissaires-priseurs ; (loi du 5 juin 1851.)

Ainsi qu'il a été expliqué au n° 25 suprà, cette concurrence existe également pour les ventes *judiciaires* des mêmes objets.

5° Les ventes aux enchères publiques de meubles, lorsqu'elles ont lieu hors de la résidence des commissaires-priseurs.

C. *Avec les huissiers :*

6° Les offres réelles ;
7° Les protêts ; (art. 173 du C. de com.)
8° Les prises de possession.

D. *Avec les officiers de l'état civil :*

9° Les reconnaissances d'enfants naturels.

E. *Avec les greffiers de justice-de-paix :*

10° Les brevets d'apprentissage ; (loi du 22 fév. 1851.)

F. *Avec les courtiers :*

11° Les contrats d'assurances et de charte-partie.

J. *Empiétements sur les fonctions des notaires A par les juges-de-paix ; B. par les maires ; C. par les instituteurs, les experts-géomètres et les particuliers.*

28° *A. Par les juges-de-paix.*

Les juges-de-paix avaient élevé dans le principe une *première prétention*, c'était de pouvoir, en vertu de l'art. 54 du C. procéd., constater dans les procès-verbaux de conciliation des arrangements de toute nature ; mais elle a été condamnée par une circulaire du Ministre de la justice, en date du 29 brumaire, an v, que nous reproduisons ci-après :

« L'ordre judiciaire serait imparfait, si les bornes « de chaque autorité n'avaient été circonscrites, si les « fonctions des divers officiers publics avaient été « confondues. Les lois ont limité les attributions des « bureaux de paix et de conciliation aux affaires de « nature contentieuse ; les seules transactions sur « procès sont de leur ressort. Les parties amenées, « en vertu d'une citation devant des citoyens chargés « de les concilier, peuvent à raison de leur futur « litige, faire entre elles tel accord que bon leur « semble et l'acte en est rédigé sur le champ. La « faveur due à ces sortes d'actes est telle, qu'ils sont « exempts des droits d'enregistrement. Ce n'est que « dans le cas où ils contiennent transmission de pro- « priété, qu'ils sont soumis à ces droits.

« Ce serait donc un grand abus si, sous prétexte « de conciliation, les juges-de-paix pouvaient rece- « voir indistinctement d'autres conventions, des ac- « tes, en un mot, qui ne seraient pas la suite d'une « citation ou le terme d'un procès. Ce serait de leur « part envahir des fonctions qui leur *sont étrangères*, « et qui ont été départies à d'autres fonctionnaires, « *aux seuls notaires ;* ce serait devenir les instru- « ments d'une fraude pratiquée par ceux qui imaginent « se soustraire ainsi aux droits de timbre et d'enre- « gistrement.

« Ce serait enfin compromettre la plus belle des « institutions, si jamais il était permis d'en abuser « au point de blesser les intérêts de la nation.

« Tous ces désordres existent cependant dans « divers cantons ruraux : des juges-de-paix mécon- « naissent leurs devoirs et confondent toutes les at- « tributions : revêtus du masque de médiateurs et « sous la forme de conciliation ils reçoivent habituel- « lement les conventions des parties, telles que baux, « ventes, obligations, quittances, etc. ; il n'est pas « jusqu'aux inventaires dans lesquels ils ne s'entre- « mettent, quoique la conciliation ne puisse leur « servir de prétexte, et que l'art. 10 de la loi du 6- « 27 mars 1791 le défende expressément aux juges- « de-paix. Leur auditoire est transformé en quelque « sorte en une étude de notaire. Les citoyens à leur insu « se trouvent ainsi privés de l'hypothèque, ce gage « sacré de nos conventions ; la nation est frustrée « d'une partie de ses revenus ; les notaires font en- « tendre les réclamations les plus légitimes. »

29° Quoique les conventions des parties constatées dans un procès-verbal de conciliation fassent foi et ne puissent être méconnues par elles, néanmoins on ne peut ni stipuler valablement une hypothèque, ni exécuter ce procès-verbal, sans avoir obtenu préalablement un jugement de condamnation ; nous voyons donc par là qu'un procès-verbal de conciliation ne peut pas remplacer un acte notarié.

30° Les juges-de-paix ont cru trouver dans l'art. 7 du C. de proc. le fondement de leur *seconde prétention:*

Cet article est ainsi conçu :

« Les parties pourront toujours se présenter volon-
« tairement devant le juge-de-paix, auquel cas il
« jugera leurs différends, encore qu'il en fut le juge
« naturel des parties, ni à raison du domicile du dé-
« fendeur, ni à raison de la situation de l'objet liti-
« gieux. »

Cet article ne change nullement la juridiction toujours contentieuse du juge-de-paix en juridiction volontaire ; autre chose est de proroger les pouvoirs de ce fonctionnaire, et autre chose de transporter à une juridiction les attributions d'une autre juridiction. Ainsi, dans l'espèce, pour qu'il y ait lieu à prorogation de juridiction, il faut deux conditions : 1° un différend à juger ; 2° la compétence du juge-de-paix à *raison de la matière*, son incompétence ne pouvant exister que *ratione personœ et loci.*

Dict. du Not., v° *Notaire*, n°s 428 et suiv. ; Pigeau, t. I, p. 44 ; Rolland de Villargues, v° *Notaire*, n°s 204 et suiv., Ed. Clerc, *Traité gén. du Not.*, t. I, n°s 256 et 257 et commentaire de la loi de ventôse, n° 45 ; Augan, t. I, p. 64 ; Dalloz, v° *Notaire*, n° 259 ; Gagneraux, t. I, p. 145.

31° Enfin par une *troisième prétention*, certains juges-de-paix soutiennent que les procès-verbaux de description peuvent suppléer aux inventaires.

D'abord aucun texte de loi n'autorise les juges-de-paix à considérer les procès-verbaux de description comme tenant lieu des inventaires ; et en second lieu l'estimation des objets formant une des conditions essentielles de cette nature d'actes, n'existe pas dans les procès-verbaux de description.

V. Notamment *Dict. du Not.*, v° *Notaires*, n° 132 et v° *Description (procès-verbal de)*, n°s 9 et suiv.

32° B. *Par les maires.*

Un maire a-t-il le droit de dresser lui-même un acte de vente ou un bail intervenus entre la commune qu'il représente et un particulier?

Evidemment, non. Car cette vente, ce bail ne sont pas des actes administratifs, que le maire ait le droit de recevoir, mais seulement des actes soumis au droit commun.

Cette distinction résulte des principes consacrés par la Cour de cassation dans deux arrêts des 2 janv. 1817 et 26 juillet 1827 : « Attendu, porte ce dernier
« arrêt, qu'il faut distinguer dans les actes faits par
« l'administration municipale ceux qu'elle fait comme
« *agent du pouvoir et dans l'exercice de l'autorité qui*
« *lui est déléguée*, et ceux où elle stipule *comme par-*
« *tie contractante*, dans l'intérêt de la généralité des
« habitants ; que, dans les premiers, elle prescrit,
« elle ordonne et qu'elle soumet par suite les con-
« trevenants aux peines prononcées par la loi dans
« les matières dont le soin et la surveillance lui sont
« confiées ; qu'à l'égard des contrats où elle intervient
« comme partie seulement, et agissant toutefois dans
« l'intérêt de la commune, elle ne peut, ainsi que
« les particuliers, *invoquer que les règles ordinaires*
« *des contrats.* »

33° Nous ajouterons avec M. Augan, t. I, p. 65 :

« Pour apprécier ces actes, il faut d'abord exa-
« miner quelle est, au moment où ils se forment, la
« position du magistrat, devant qui ils sont passés.

« Or, c'est une chose incontestable que le maire
« agit pour sa commune et la représente en qualité
« de mandataire constitué par son titre.

« Au jour de l'adjudication, les deux parties con-
« tractantes sont en présence l'une de l'autre ; d'une
« part le maire, d'autre part l'individu avec lequel
« la stipulation va être faite.

Ici la *raison* appelle une *tierce personne* pour arrêter la convention ; car le principe constitutif de tout contrat demande que la convention soit attestée par un tiers *entièrement étranger* aux intérêts, qui y sont stipulés.

Conf. *Dict. du Not.*, v° *Acte Administratif*, n°s 25 et 26.

34° En ce qui concerne la légalisation des actes sous seing-privé, cet auteur ajoute avec beaucoup de raison :

« Un abus s'est glissé dans les fonctions journa-
« lières des maires. Ces magistrats légalisent indis-
« tinctement les signatures mises au bas de tous les
« actes privés qui leur sont présentés et les parties
« mettent à profit cette facilité pour donner ainsi une
« apparence d'authenticité à leurs conventions pri-
« vées. Il faut remarquer à ce sujet, ainsi que l'a re-
« connu la Cour de cassation, que les actes sous
« seing-privé ne sont point susceptibles d'être léga-
« lisés. Cette *complaisance* de la part des maires
« engendre *plusieurs* inconvénients : le *premier* est
« de donner aux particuliers un moyen assuré de
« frauder les droits d'enregistrement, le *second* est
« de substituer aux notaires qui sont responsables
« de la vérité des signatures qu'ils reçoivent des
« fonctionnaires qui n'encourent cette responsabilité
« en aucune manière; mais l'inconvénient le *plus*
« *grave* est de compromettre la signature du maire
« lui-même, et d'autoriser l'individu quelconque à
« qui elle sera opposée, à ne point y déférer, à la re-
« garder comme non avenue ; car cette signature,
« cette légalisation accordée sans droit, sans qualité
« réelle, ne donnent à la pièce légalisée aucun ca-
« ractère authentique. »

35° C. *Par les instituteurs communaux, les experts-géomètres et les particuliers.*

Le notariat n'a pas à se défendre seulement des usurpations commises par les juges-de-paix et les maires ; l'abus le plus criant, le plus fréquent, vient des simples particuliers et surtout des instituteurs communaux et des experts-géomètres, qui veulent augmenter le petit salaire de leur ingrate profession par la confection des actes sous seings privés.

Toutefois, il ne faut pas exagérer les choses et voir dans la rédaction du moindre sous seing-privé une *atteinte* à nos prérogatives ; à trois caractères principaux, nous reconnaîtrons le délit d'immixtion dans les fonctions notariales :

1° *Le salaire* que réclame ordinairement le tiers rédacteur pour la confection des actes sous seing-privé qu'il dresse, et qui autorise à dire de lui *qu'il en fait son métier ;*

2° *Le grand nombre des actes* sous seings-privés qu'il rédige ;

3° Enfin *l'imitation des formes* et des *habitudes notariales*, la réception de certains actes, pour lesquels la forme notariée est nécessaire et les manœuvres pour détourner les parties d'authentiquer leurs conventions, le tout dans le but de tromper ces derniers sur la valeur des actes rédigés.

Lorsque les tribunaux ont trouvé *réunis* ces différents caractères d'usurpation des fonctions notariales, ils n'ont pas hésité à punir les délinquants. V. notamment : Melun, 14 déc. 1858 ; Cass., 7 mai 1858 ; Trib. de Soissons, 18 mars 1856 et Laon, 31 mai 1856 ; et la doctrine est conforme. V. notamment : *Dict. du Not.*, v° *Notaire*, n° 438 et suiv. ; Rolland de Villargues, *eod. verbo*, n° 302 ; Gagneraux, p. 146 ; Dalloz, v° *Notaires*, n° 235.

Les diverses décisions, que l'on cite comme contraires à notre opinion, (v. notamment : Douai, 29 déc. 1863 ; Cass., 31 mai 1831) se rapportent exclusivement à des espèces, où un de ces caractères manquait.

36° Plusieurs circulaires administratives font une défense expresse aux instituteurs de s'immiscer dans les fonctions notariales et de rédiger des sous seings-privés. (V. notamment : circul. du Préfet de la Moselle, du 13 déc. 1837, du procureur du roi a Saint-Dier, du Recteur des Vosges, du 23 juin 1853) ; et nous croyons savoir que l'administration académique s'empresse de faire droit à la moindre plainte du notariat, soit qu'elle émane des chambres de discipline, soit qu'un notaire l'ait isolément formulée.

§ 3. — 2me Prérogative des notaires : Assurer la date des actes.

SOMMAIRE.

A. Les actes notariés font-ils par eux-mêmes pleine foi de leur date ? (N° 37.)

B. L'enregistrement est-il une formalité nécessaire pour assurer la date des actes notariés ? (N° 38.)

37° A. *Les actes notariés font-ils par eux-mêmes pleine foi de leur date ?*

L'authenticité des actes notariés est subordonnée par le législateur à certaines formes, que le notaire doit observer, mais elle est certainement indépendante de toute formalité extrinsèque, postérieure à la réception de l'acte notarié et dont l'exécution serait confiée à un fonctionnaire d'un ordre différent ; en un mot le ministère exclusif du notaire est ***suffisant*** pour faire ***un acte complet et parfait.***

La fixité de la date consacrée par l'article 1er de la loi que nous commentons, doit être comptée au nombre des principaux avantages de l'acte notarié, et nous pouvons même ajouter qu'elle est absolument indispensable à l'exécution des conventions qu'il contient, puisqu'elle en est le point de départ.

38° B. *L'enregistrement est-il une formalité substantielle, nécessaire pour assurer la validité et la date de l'acte notarié ?*

Cette question, qui nous parait résolue par la loi en termes clairs et précis, a été l'objet d'une controverse sérieuse ; ainsi Grenier, *traité des hypothèques*, n° 17 et Merlin, *rép.* t. XVI, p. 405 et 406, développent *l'affirmative* avec beaucoup d'insistance et de *conviction :*

« La loi sur l'enregistrement du 5 décembre 1790, « dit M. Grenier, *loco citato* contient des dispositions « importantes sur cette matière. Il est dit dans l'art. 2 : « Les actes des notaires et les exploits des huissiers « seront assujettis dans toute l'étendue du royaume « à un enregistrement *pour assurer leur existence et constater leur date.* » L'art. 9 porte : « A défaut d'enregistrement dans les délais fixés par « l'art. précédent, un acte passé devant notaire ne « pourra valoir que *comme acte sous signature privée.* » Le notaire sera responsable envers les parties des dommages qui pourront résulter de l'omission. » Il est ajouté : « Cependant l'acte ayant « reçu la formalité omise acquerra la fixité de la « date, et *l'hypothèque à compter du jour de l'enregistrement.* »

« A-t-il été opéré un changement à ce sujet par la « loi du 22 frimaire an VII? Cette dernière loi ne « parle pas de nullité de l'acte, ni de déchéance ou « de privation d'hypothèque par le défaut d'enregistrement : et on pourrait rappeler ce que j'ai déjà « dit, que les nullités ne sont point de droit, ce « qu'on peut dire de même d'une déchéance d'hypothèque. L'art. 20 de cette loi fixe le délai, dans « lequel les actes doivent être enregistrés ; l'art. 33 « se borne à prononcer une amende contre les notaires qui n'auront point fait enregistrer leurs « actes dans les délais prescrits ; il n'y a aucune « peine établie sous le rapport de la nullité de l'acte « et de l'hypothèque ; et le législateur, pourrait-on « dire, a si peu entendu que le défaut d'enregistrement rendit nul un acte notarié, que dans l'art. « 34 qui est relatif au défaut d'enregistrement d'un « exploit dans le délai fixé, outre l'amende prononcée contre l'huissier, il est dit « que l'exploit ou « procès-verbal non enregistré dans le délai est déclaré nul, et le contrevenant responsable de cette « nullité envers la partie. » Ce contraste de dispositions entre ces deux cas semblerait autoriser « l'application de cette règle, *qui de altero dicit, de altero negat.* Il est bien dit encore dans l'art. 42 « qu'aucun notaire, huissier, greffier, secrétaire ou

« autre officier public ne pourra faire ou rédiger « un acte en vertu d'un acte sous signature privée, « ou passé en pays étranger, *s'il n'a été préalablement enregistré.* Mais cet article ne prononce ni « nullité ni déchéance ou suspension d'hypothèque ; « il est seulement dit à peine de cinquante francs « d'amende, et de répondre personnellement du « droit. Or, pourrait-on dire toujours, les nullités et « les peines ne se suppléent pas ; elles doivent être « prononcées par la loi.

« Cependant, malgré ces raisons, je ne crois pas « moins devoir persister dans l'opinion que j'ai déjà « embrassée.

« En premier lieu : sans l'enregistrement, un acte, « quoique passé devant notaire, ne peut avoir une « date certaine ; la fixité de cette date est le but de « la loi du 22 frimaire an VII, et de toute la législation précédente, sur cette matière. Vouloir l'enregistrement, c'est vouloir implicitement et virtuellement la certitude des dates par cette formalité : et « de là il résulte forcément que le législateur a voulu « que les actes ne pussent avoir d'autres dates, au « moins respectivement à des tiers, que celle de « l'enregistrement. Avant l'établissement de la formalité du contrôle ou enregistrement, il n'y avait « d'hypothèque en France, qu'en vertu d'actes notariés ou authentiques, à la différence du droit « romain qui n'exigeait point autant de précautions, « ainsi que je l'ai dit ailleurs ; et en cela le droit « français a eu une grande supériorité sur le droit « romain. Or, quel était l'objet de la nécessité de la « passation des actes par-devant notaires ? Mornac « nous le dit sur la loi 4, FF, *de pignor. et hypoth.* « ***Servat enim universa Gallia, ut ad pignus constituendum tabellionis ministerio opus sit, ne repeti, « præferri quæ possint dies pactionum, velut loquimur*** « AFIN QU'ON NE PUISSE RIEN ANTIDATER. Mais si l'expérience acquise sur les abus a fait considérer la « nécessité de la passation des actes par devant notaires comme insuffisante pour la ***sûreté des dates***, « et si le législateur y a ajouté encore la formalité du « contrôle, — il s'en tire la conséquence qu'il faut « attacher au défaut de contrôle le même effet « qu'on attachait, avant, au défaut de passation « de l'acte devant notaire. Il faut cependant bien « convenir que, quoique Mornac ne le dise pas dans « ce passage, l'hypothèque tient encore à l'authenticité qui résulte principalement, comme je l'ai dit « déjà, de ce que l'acte est fait par un officier, qui, « seul, peut imprimer cette hypothèque. Mais il « n'est pas moins vrai que l'établissement des notaires avait eu aussi en vue la fixité des dates, et « que cette fixité n'a été définitivement assurée que « par le contrôle.

« En second lieu, on pourrait dire à l'appui de « mon opinion, que relativement aux suites du défaut d'enregistrement des actes dans les délais prescrits, ce qui tient à l'ordre public, la loi du « 22 frimaire an VII ne déroge pas aux anciennes « lois, et notamment à celle du 5 déc. 1790, et que « son objet principal a été une fixation des droits « d'enregistrement. Il est bien dit dans l'art. 73 : « Toutes les lois rendues sur les *droits d'enregistrement*, et toutes dispositions d'autres lois y relatives, « sont et demeurent abrogées pour l'avenir. » Mais « ne peut-on pas prétendre avec fondement que cet « article n'a trait *qu'aux droits d'enregistrement*, « et non à l'enregistrement même, en le considérant « comme forme des actes ? Lorsque des lois précédentes, comme celle du 5 déc. 1790, ont réglé non des « droits, mais les effets des actes, en cas de défaut « d'enregistrement dans le délai prescrit, il semble « qu'il faut dans une loi postérieure, une dérogation « spéciale et bien précise à ce qui a été déjà statué. « Autre chose est l'effet des actes en eux-mêmes, « autre chose est la fixation des droits à percevoir.

39° Mais pour la *négative* nous répondrons avec l'arrêt remarquablement motivé de la Cour de Bourges, du 17 mai 1827 :

« Considérant que la loi du 22 frimaire an VII, seule « loi qui régissait l'enregistrement à l'époque du « contrat de mariage, ne faisait résulter du défaut « d'enregistrement dans les délais, aucune peine « contre les parties, pour des actes passés devant les « notaires, se contentant de soumettre ceux-ci à une « amende en punition de leur négligence ; — que la « loi du 25 ventôse an XI, art. 1er, reconnait les notaires comme des officiers publics établis pour « donner aux actes le caractère d'authenticité et pour « en assurer la date ; que la certitude de la date d'un « acte notarié ne peut donc pas dépendre de l'enregistrement ; — qu'en vain on oppose l'art. 9 de la « loi du 5 décembre 1790 sur le droit d'enregistrement, puisque cette loi a été formellement abrogée, « non-seulement par l'art. 33 de la loi du 22 frimaire « an VII, mais encore de la manière la plus positive « par l'art. 73 de cette même loi, portant : « Toutes « les lois rendues sur les droits d'enregistrement et « toutes dispositions d'autres lois y relatives sont « abrogées ; » — que c'est une subtilité, dénuée de « tout fondement raisonnable, que de vouloir borner « une abrogation aussi générale à la partie fiscale des « droits d'enregistrement ; que les deux lois de 1790 « et de l'an VII portent le même titre, à moins qu'on « ne veuille voir dans la seconde un titre plus général : la première loi sur le droit d'enregistrement, « la seconde loi sur l'enregistrement ; qu'elles ont le « même objet ; que toutes deux embrassent, dans « toute leur étendue, la matière de l'enregistrement ; « — que l'existence simultanée de ces deux lois, « proscrite par la disposition de la seconde, qui « abroge la première, ne l'est pas moins par la « raison ; — qu'en particulier, s'expliquant formellement sur les suites que doit avoir le défaut d'enregistrement des actes des officiers publics, cette « loi de 1790 fait, à défaut d'enregistrement dans les « délais, dégénérer l'acte d'un notaire ou acte n'ayant « que la force d'un acte sous signature privée, sans « date certaine et incapable de donner hypothèque,

« et soumet le notaire à une peine pécuniaire; que « quant aux actes d'huissiers, ils sont indistinctement « déclarés nuls, et les huissiers condamnés à « l'amende; — que le législateur de l'an VII, qui « avait sous les yeux la loi de 1790, y a pris la « matière des art. 33 et 34 de la nouvelle loi, mais « avec des modifications importantes; qu'en effet, « s'il a maintenu purement et simplement la disposi- « tion de la loi de 1790, quant aux actes des huis- « siers, il s'est borné en ce qui concerne les actes « des notaires, à la simple peine pécuniaire contre ces « fonctionnaires, laissant ainsi à ces actes la fixité « de date que leur assure le caractère de l'officier « public qui les reçoit; — que les motifs de ce chan- « gement de législation ne sont pas difficiles à recon- « naître; que la principale raison d'exiger, dans « l'ancienne législation, le concours de l'enregistre- « ment pour fixer la date des actes des notaires, « avait pour objet de garantir, soit les droits d'un « premier acquéreur, soit ceux des créanciers hypo- « thécaires antérieurs, contre les atteintes qui pour- « raient y être portées par des actes postérieurs, mais « antidatés, contenant aliénation ou affectation hy- « pothécaire des mêmes biens; mais qu'au moment « où le législateur, en l'an VII, s'occupait de l'enre- « gistrement, il venait, par la loi du 11 brumaire « même année, de remédier à l'un et l'autre incon- « vénient, en soumettant les aliénations à la trans- « cription, les hypothèques à l'inscription, comme « au seul moyen de leur donner effet à l'égard des « tiers; que d'après ces dispositions il n'est pas « étonnant qu'il ait jugé que la conservation de celles « de la loi de 1790, relatives aux suites du défaut « d'enregistrement, en ce qui touche l'intérêt des « parties, aurait plus d'inconvénients que d'avan- « tages, et qu'il les ait abrogées, comme il l'a fait. »

C'est à cette doctrine que se sont ralliés, et avec raison, la jurisprudence et tous les auteurs, à l'exception de Merlin et de Grenier, *loc. cit.* :

V° not. *Dict. du Not.*, v° *Enregistrement*, n° 13; Favard, *Rép.* v° acte notarié, § 1er, note 3, Rolland de Villargues, eod. verb., n° 11; *Dict. de l'enreg.*, v° acte, p. 33; Troplong, *des hypothèq.* n° 407; Bonnier, *des preuves. Encyclopédie du droit*, v° acte notarié, n° 34; Solon, des *nullités*, t. 1er, n° 174; Championnière et Rigaud, t. IV, n° 3811; Toullier, t. IV, titre III, § du titre authentique; Gagneraux, t. I, p. 292; Dalloz, v° *Enregistrement*, n° 70; Cass., 25 janv. 1810; Bourges, 17 mai 1827 précité et 20 juil. 1819; Bastia, 26 déc. 1849.

§ 4. 3° Prérogative: Conserver le dépôt des actes.

40° La loi impose aux notaires l'obligation de conserver le dépôt des actes notariés qu'ils reçoivent; mais cette obligation s'étend-elle aux actes sous seing-privé, aux testaments olographes ou à d'autres sortes de pièces? Les notaires doivent-ils dresser un acte de dépôt de ces espèces d'actes, lorsque les clients les leur confient? Evidemment non, parce que ce dépôt n'est pas fait en raison de leurs fonctions de notaire, mais de la confiance qu'ils inspirent, et que si les parties ont effectué volontairement le dépôt d'un acte sous seing-privé, elles peuvent le retirer quand elles le voudront.

Toutefois les clients, qui craignent de laisser égarer un acte sous seing-privé ou qui veulent lui faire acquérir l'authenticité, ont la *faculté* de le mettre au rang des minutes du notaire et d'en faire constater le dépôt par acte notarié; dans ce cas l'acte sous seing-privé est annexé à l'acte de dépôt, *fait corps avec celui-ci* et doit donc rester déposé au rang des minutes du notaire rédacteur.

Cette matière est plus amplement traitée au commentaire de l'article 20 de cette loi.

41° Comme applications de ces principes, il a été jugé :

A. Que les notaires ne sont pas seulement dépositaires des actes qu'ils reçoivent; qu'ils peuvent également recevoir toutes sortes de pièces;

Req., 27 déc. 1831.

B. Que les notaires ne sont pas tenus, sous peine d'amende, de dresser un acte du dépôt de la remise d'un testament olographe (déc. minist., 9 sept. 1812) et de tout acte sous seing-privé, qui leur est remis en raison de la confiance qu'ils inspirent, et non des fonctions qu'ils exercent. (Villefranche, 17 fév. 1837, Sol. de la Rég. 26 avr. 1837.)

C. Qu'un acte notarié n'a pas besoin d'être revêtu de l'enregistrement pour faire foi en justice, surtout après la mort du notaire, à qui cette obligation était exclusivement imposée. (Bruxelles, 12 janvier 1808.)

D. Qu'un acte notarié ne perd pas son caractère d'authenticité, lors même que le receveur bâtonnerait la mention de l'enregistrement, faute de paiement du droit. (Cass., 16 déc. 1811.)

E. Que le défaut d'enregistrement d'un acte notarié dans le délai prescrit par la loi, n'enlève pas à l'acte son authenticité et n'a d'autre effet que de soumettre le notaire à une amende. (Req., 23 janv. 1810.)

§ 5. 5° Prérogative: Délivrer les grosses et expéditions des actes.

42° Il était rationnel que les notaires étant constitués seuls dépositaires des actes qu'ils reçoivent, eussent exclusivement capacité pour en délivrer les grosses et expéditions.

Sous ce terme générique d'*expéditions*, l'on comprend les expéditions proprement dites, les extraits littéraux ou analytiques, les copies de pièces et copies collationnées.

Pour le développement de cette matière, nous renvoyons au commentaire de l'article 21 de cette loi.

§ 6. Caractères distinctifs de l'authenticité. Ses avantages. — Conditions diverses de son existence.

43° Tout ce qui est relatif aux caractères distinctifs de l'authenticité, à ses avantages et aux conditions multiples et diverses de son existence sera examiné avec soin sous le commentaire de l'article 19 de la présente loi.

§ 7. **Des associations entre plusieurs notaires ou entre des notaires et des tiers pour la propriété ou l'exploitation de leurs offices.**

A. *Deux personnes peuvent-elles s'associer pour exercer en commun les fonctions notariales?* N° 44.

B. *Deux personnes, dont l'une aurait l'exercice des fonctions notariales pourraient-elles mettre en société la propriété d'un office ou sa valeur vénale?* N° 45.

C. *La Société formée par un notaire avec un tiers pour le partage des émoluments de son office, est-elle valable?* N° 46.

D. *Les notaires d'un canton peuvent-ils s'associer pour ne former qu'une seule étude pour tous?* N° 47.

44° A. *Deux personnes peuvent-elles s'associer pour exercer en commun les fonctions notariales?*

Deux personnes ne peuvent mettre en commun et partager entre elles l'exercice des fonctions notariales et des prérogatives qui y sont attachées; comme nous l'avons déjà expliqué, ces fonctions sont une portion de la puissance publique, une délégation directe du souverain, en un mot une *commission personnelle*, qui ne peut être exercée que par un seul individu et qu'il ne peut transmettre à un autre.

Duvergier, des Sociétés, n° 59; Dard, traité des offices p. 330; Rolland de Villargues, v° *Association des notaires*, n° 4 *Dict. du Not.*, v° *Société des notaires*, n°s 17 et 21.

45° B. *Deux personnes dont l'une aurait l'exercice des fonctions notariales, pourraient-elles mettre en société la propriété d'un office ou sa valeur vénale?*

« L'office en soy, dit Loyseau, ne peut être à plu-
« sieurs, ni quant à la qualité de l'officier, ni quant
« à la parfaite seigneurie de l'office qui gît en la pro-
« vision. »

L'office est donc inhérent à la personne même du titulaire, et un autre individu peut bien avoir une créance sur la valeur vénale de l'office, mais jamais un droit de co-propriété.

Par suite de ce principe, le titulaire a seul le droit de présentation.

Dard, p. 328; Troplong, n° 96; Duvergier, n° 59; Rolland de Villargues, v° *Association de notaires*, n° 4; *Dict. du Not.*, v° *Société des notaires*, 17.

Nous dirons également avec les mêmes auteurs qu'on ne peut mettre en société la valeur vénale de l'office, c'est-à-dire la somme qui sera payée par le successeur; « Car, dit M. Duvergier, loc. cit.,
« cette somme est le résultat d'un fait propre et per-
« sonnel à l'un des contractants, auquel les autres ne
« peuvent participer, et qui précisément met fin aux
« rapports qu'on voudrait considérer comme une
« association. »

46° C. *La société formée par un notaire avec un tiers pour le partage des émoluments de son office est-elle valable?*

Cette question est gravement controversée.

Pour l'*affirmative*, nous citerons:

Mollot, *Bourse de commerce*, n° 204; Frémery, droit des 2 et 7 fév. 1838; des offices, p. 330; Bioche, *dict. de proc.*, v° *offices*, n° 16; Horson, Gaz. des trib. 16 oct. 1834; Troplong, n° 96, Duvergier, n° 59.

Cass. 7 nov. 1806, 31 mai 1831, 13 janv. 1835; Toulouse, 14 nov. 1835; tribunal de Clermont-Ferrand, 2 août 1838,

Et pour la *négative*,

Demolombe, Rev. crit., t. I, p. 139; Clerc., *traité général du Notariat*, n°s 585 et 1331; Aubry et Rau, d'après Zachariæ, t. III, § 378, p. 397; Delangle, t. I, n° 108; Rolland de Villargues, v° *Association de notaires*, Chotteau, p. 48; *Dict. du Not.*, v° *Société des Notaires*, n° 28.

Paris, 1er mars 1859; Ile de la Réunion, 18 janv. 1850 et Cass. 15 janv. 1855; Décis. du Min. de la Just. du 3 fév. 1837.

C'est à cette opinion que nous nous rangeons, par ces motifs, que nous empruntons au dispositif du jugement du trib. de Nantes, du 9 mai 1839: « Un
« officier ministériel, qui a admis un tiers à partager
« le produit de ses travaux sur un pied d'égalité, n'a
« plus l'indépendance qui convient à un fonction-
« naire public; pour que la responsabilité d'un fonc-
« tionnaire réponde au vœu de la morale et de la
« loi, il faut que son action soit libre, qu'il ne puisse
« être maîtrisé par son associé, qu'il ne connaisse
« d'impulsion que celle de sa conscience, d'empire
« que celui des règles qui ont tracé les devoirs de
« son état. »

Néanmoins nous pensons avec MM. Rolland de Villargues, n° 11, et Duvergier, n° 60, que la convention par laquelle un notaire abandonne à son principal clerc un 10me ou un 15me de ses honoraires est valable; elle n'a nullement le caractère d'une association véritable, et cette attribution minime des produits de l'étude n'est qu'un salaire et un appointement.

47° *Les notaires d'un canton peuvent-ils s'associer pour ne former qu'une seule étude pour tous?*

Cette association serait nulle comme constituant un monopole exclusif au profit de cette société, et comme pouvant porter atteinte au droit qu'ont les parties de choisir leur notaire et d'exiger le secret sur leurs affaires.

Conf. *Annales du Not.*, t. V, p. 037, Rolland de Villargues, n° 5; *Dict. du Not.*, n° 10.

ART. 2.

Ils sont institués à vie.

COMMENTAIRE.

De l'inamovibilité des notaires.

A. *Des effets de l'inamovibilité.* N° 48.

B. *Des avantages de l'inamovibilité.* N° 49.

C. *De la suspension, destitution et du remplacement forcé des notaires.* N° 50.

D. *Législation spéciale pour les notaires en Algérie.* N° 51.

48° A. *Des effets de l'inamovibilité.*

L'institution à vie du notaire a pour *premier effet* de ne pas le rendre révocable au gré du gouvernement, en ce sens qu'il ne peut être suspendu ou destitué que par un jugement du tribunal civil (v. art. 53 de la loi de ventôse), et pour *second effet* de ne pouvoir le déplacer de sa résidence.

Cette inamovibilité est la *conséquence* de la vénalité des charges autorisée, au moins indirectement, par la loi du 28 avril 1816, et il est évident que si le gouvernement pouvait *arbitrairement* disposer d'un office de notaire, il porterait une grave atteinte au droit de propriété du titulaire.

49° B. *Des avantages de l'inamovibilité.*

« S'il est, a dit l'orateur du gouvernement dans l'ex-« posé des motifs de la loi du 25 ventôse an XI, une « circonstance où l'institution à vie ne présente au-« cun inconvénient, c'est sans doute lorsqu'elle s'ap-« plique à un notaire. Quoiqu'il soit nommé à vie, « il est, à chaque instant, soumis à un choix, à une « véritable élection, dans laquelle l'électeur parfaite-« ment libre ne peut être déterminé dans son choix « que par une probité et des talents dont il aura fait « l'expérience, ou qui lui auront été attestés par la « voix publique. »

Les principaux avantages de cette inamovibilité sont :

1° De garantir *l'indépendance* du notaire, qui ne peut pas être empêché de remplir son devoir par la crainte d'une révocation injuste et arbitraire ;

2° D'obtenir, par la permanence des fonctions, une corporation composée d'hommes, qui veulent inspirer la confiance à leur clientèle par leur probité et leur instruction

« Cette institution à vie du notariat, dit Loret, « t. I, p. 165, est pour les officiers un motif de se « livrer sans *crainte* à l'étude des principes de leur « état, et d'en remplir les devoirs avec l'exactitude « et la sécurité qu'inspire la *certitude de ne pouvoir* « *en être dépouillé.* Elle est aussi pour le public une « *garantie* de plus pour les talents et la moralité des « notaires. »

50° C. *De la suspension, destitution et du remplacement forcé des notaires.* — *Renvoi.*

Nous venons d'expliquer qu'en vertu de l'inamovibilité de ses fonctions, le notaire ne peut être atteint par une révocation *arbitraire;* mais néanmoins s'il trompe la confiance publique et s'il enfreint les règles qui lui sont prescrites pour l'exercice de sa profession, les tribunaux sont investis par la loi du droit de prononcer sa *suspension* ou sa *destitution*, et le gouvernement peut, de sa propre autorité, le *remplacer.*

Cette matière sera plus amplement traitée sous le commentaire de l'art. § 3.

51° D. *Législation spéciale pour les notaires de l'Algérie.*

Le gouvernement a le droit de révoquer les notaires en Algérie, en vertu de l'arrêté du 30 déc. 1843.

ART. 3.

Ils sont tenus de prêter leur ministère, lorsqu'ils en sont requis.

COMMENTAIRE.

§ 1er *Obligation des notaires de prêter leur ministère.* Nos 52 et suiv.

§ 2e *Des cas où le refus du notaire de prêter son ministère est facultatif.* Nos 57 et suiv.

§ 3e *Des cas où le refus du notaire de prêter son ministère est obligatoire.* Nos 68 et suiv.

---

§ 1er **Obligation des notaires de prêter leur ministère.**

A. *Comment faut-il entendre cette obligation?* Nos 52 et 53.

B. *Des formes de la réquisition.* N° 54.

C. *Peut-on prouver par témoins que le notaire a été requis?* N° 55.

D. *Des peines qu'encourt le notaire pour un refus mal fondé de son ministère.* N° 56.

52° A. *Comment faut-il entendre cette obligation?*

M. Cailly, rapporteur d'un projet de loi sur le notariat, disait au conseil des Anciens dans la séance du 12 prairial an VII : « Le ministère du notaire est un « *ministère nécessaire :* il ne peut le refuser lorsqu'il « en est requis, et ce serait aller contre le principe et « la nature de son institution que de lui laisser la « liberté du refus. S'il participe aux fonctions d'une « honorable magistrature, son temps et ses facultés « appartiennent à tous ses concitoyens et à tous ceux « qui ont besoin de son ministère. Comme le juge se « doit tout à l'administration de la justice, le notaire « se doit tout entier aux fonctions que la loi lui dé-« lègue, elle devait donc le rendre garant d'un refus « déplacé. »

Il faut donc établir en principe et sauf les exceptions, qui seront ci-après indiquées :

1° Qu'un notaire doit prêter son ministère à toute réquisition ;

2° Que toute personne a le droit de le faire déplacer, et d'exiger qu'il instrumente dans toute l'étendue de son ressort.

Toutefois il faut reconnaître que ce déplacement ne peut être requis par un client qu'autant qu'il y aurait urgence et nécessité ; car, quoique le ministère du notaire soit forcé, on ne peut néanmoins l'obliger à quitter son étude que pour des raisons majeures.

C'est dans ce sens et avec ce tempérament, à notre avis, qu'il faut entendre le droit pour le client de faire déplacer le notaire.

Conf. Dalloz, v° *Notaire*, n° 279 ; Sellier, *Manuel*, art. 96.

53° Le ministère des notaires n'est *forcé* que pour les actes, qu'ils sont appelés à recevoir, mais non pour les commissions, qui peuvent en être la conséquence, telles que les inscriptions, transcriptions, etc., etc.

54° B. *Des formes de la Réquisition.*

Il faut distinguer entre le cas où le notaire défère à la réquisition du client et celui où il refuse son ministère.

Dans le *premier* il suffit pour le notaire et le client que la réquisition soit *verbale;* cependant l'officier public, qui serait accusé par un confrère d'établir une seconde étude dans sa résidence, devrait par mesure de précaution et pour en justifier au besoin, demander une réquisition *écrite*.

Dans le *second* cas, c'est-à-dire, lorsque le notaire refuse son ministère, il faut lui faire une sommation régulière par acte extra-judiciaire d'huissier ; s'il persiste dans son refus, on le traduit devant la chambre de discipline ou devant le tribunal, ou l'on s'adresse au procureur impérial, pour que ce magistrat invite le notaire à instrumenter. Cette invitation suffit pour mettre complètement à couvert la réputation et la responsabilité du notaire.

55° C. *Peut-on prouver par témoins qu'un notaire a été requis ?*

L'affirmative a été jugée par trois arrêts de la cour de Limoges, des 1er juin 1835, 3 août 1837 et 4 juin 1840; mais les auteurs du *Dict. du Not.*, v° acte notarié, n° 62, soutiennent la *négative*, par le motif que le notaire chargé de la rédaction d'un acte est investi d'un *mandat*, et que tout mandat, comme toute autre convention, ne peut se prouver par témoins au-delà de 150 fr.

Nous pensons avec la Cour de Limoges que le refus de passer acte sur la réquisition d'un client constitue un délit donnant lieu à dommages-intérêts et pouvant se prouver par témoins ; d'ailleurs, comment constater autrement que par témoins si un notaire a négligé de dresser un acte dont les parties l'avaient chargé !

56° D. *Des peines qu'encourt le notaire pour un refus mal fondé de son ministère.*

Le notaire qui refuse mal à propos, son ministère, s'expose à deux natures de poursuites.

1° A une *poursuite disciplinaire* de la part de la Chambre ou du Procureur impérial ; ainsi le Ministre de la justice, dans une circulaire du 28 ventôse an XIII, porte que les notaires pouvaient dans ce cas encourir la suspension pendant plus ou moins de temps et même la destitution, suivant les circonstances ;

2° A un recours en dommages-intérêts de la part des parties, qui auraient subi une perte ou un dérangement par suite de ce refus mal fondé.

§ **2° Des cas où le refus du notaire de prêter son ministère est facultatif.**

A. *Énumération de ces cas.* N° 57.

B. *Conseils aux notaires, lorsque le droit de refuser leur ministère est douteux.* N° 58.

57° *Énumération de ces cas.*

La raison, d'accord en ceci avec la loi, la doctrine et la jurisprudence, autorise, dans *certains cas*, un notaire à refuser son ministère ; le proverbe *Nemo plus facere debet quam potest,* trouve ici son application. Dalloz, V° *notaire*, n° 281, Rolland de Villargues, eod. verbo, n° 355, Gagneraux, t. I, p. 50.

Néanmoins il faut que le notaire justifie d'un empêchement légitime.

La doctrine et la jurisprudence ont trouvé *un empêchement légitime* dans les cas suivants :

1° Quand le notaire est absent ou malade ;

2° Quand son ministère est réclamé à une *heure indue*, à minuit, par exemple, et sans qu'il y ait extrême urgence.

Cotheran, *Théor. et prat. du Not.*, p. 17 ; *Ann. du Not.*, t. VII, p. 142 ; Ed. Clerc, *Formul.* p. 13 ; Dalloz, n° 285.

3° Quand le notaire est occupé à une autre opération ; évidemment il n'est pas astreint à commencer une autre affaire, avant d'avoir terminé la première; mais l'empêchement, dans ce cas, n'est que momentané.

4° Quand il est requis, et sans urgence, les jours de fêtes légales et les dimanches.

Seine, 8 juillet 1835 ; Colmar, 23 mai 1834.
Dalloz, v° *notaire*, n° 284 ; Rolland de Villargues, *eod. verbo*, n° 393. Augan, p. 42 ; Gagneraux, n° 9.

5° Quand les parties ne lui consignent pas les droits d'enregistrement et honoraires de l'acte.

N° **58**. *Conseils aux notaires, lorsque le droit de refuser leur ministère est douteux.*

Le notaire doit, avant de prononcer un refus formel, faire un examen sérieux des motifs, sur lesquels il le fonde. L'acte est-il illicite ? les parties sont-elles atteintes d'une incapacité absolue ? en un mot, la nullité de la convention à réaliser est-elle simplement *relative* et peut-elle être couverte par une ratification ou exécution postérieure ? telles sont les difficiles questions, que le notaire doit se poser et résoudre avec sang-froid et circonspection ; et si cet officier public n'a pas la *certitude* que l'acte qu'il refuse de faire est nul et illicite, nous lui conseillons par mesure de prudence d'avertir les parties et de mentionner au besoin, dans l'acte, leur persistance, malgré l'avis qu'il leur en a donné.

Nous ferons remarquer avec plusieurs auteurs, Rolland de Villargues, n° 357 et Dalloz, n° 282, que les notaires sont appelés à rédiger une foule d'actes qu'il n'est pas interdit aux notaires de passer, quoique la loi n'en sanctionne pas toutes les dispositions.

§ 3. Des cas où le refus du notaire de prêter son ministère est obligatoire.

A 1re Catégorie. *Des actes dans lesquels manque une des conditions essentielles pour la validité des conventions.* Nos 59 et suiv.

B. 2e Catégorie. *Des actes où les parties veulent enfreindre les lois sur le notariat ou la forme des actes notariés.* Nos 68 et suiv.

59° A. 1re Catégorie. *Des actes dans lesquels manque une des conditions essentielles pour la validité des conventions.*

L'acte, pour lequel le ministère d'un notaire est requis, doit réunir les conditions essentielles pour la validité des conventions.

L'art 1108 du C. N. porte : « Quatre conditions « sont essentielles pour la validité d'une con- « vention :

« Le consentement de la partie qui s'oblige ;

« Sa capacité de contracter ;

« Un objet certain, qui forme la matière de « l'engagement ;

« Une cause licite dans l'obligation. »

60° *Du consentement de la partie qui s'oblige.*

Le consentement de la partie qui s'oblige peut être vicié par le dol ou la violence.

En conséquence un notaire doit se refuser à recevoir un acte dans lequel le consentement de chaque contractant ne lui paraît pas suffisamment libre.

Soit que ce contractant semble être sous l'influence du dol ou de la violence ;

Soit qu'il ne puisse désunir la portée de ses engagements par suite de l'ivresse où il se trouve ;

Soit qu'il paraisse être dans un état d'aliénation mentale ; Bordeaux, 5 août 1841.

61° *De la capacité de contracter.*

L'incapacité de contracter doit-elle être absolue ?

Rolland de Villargues, v° *Notaire*, n° 364, le *Dictionnaire du Notariat, eod. verbo*, n° 543 et Gagneraux, n° 39, enseignent avec raison, suivant nous, qu'il faut distinguer entre l'incapacité absolue des contractants et leur incapacité purement relative; ainsi un mineur, un interdit non assisté de son tuteur et une femme mariée non autorisée de son mari ne sont frappés, aux termes de l'art. 1125 du C. N. que d'une incapacité relative ; un notaire ne pourrait donc les priver par son refus d'obtenir une stipulation qui leur serait avantageuse, et dont ils auraient seuls le droit de demander la nullité ; le devoir de l'officier public se bornerait, dans la circonstance, à avertir la partie qui contracte avec l'incapable des risques que peut courir sa convention, si elle ne paraissait pas connaître cette situation.

Néanmoins la Chambre des notaires de Paris, par délibération du 10 oct. 1822 et le Garde des Sceaux, par décision du 21 nov. 1826 ont formellement prescrit aux notaires de ne pas faire aux *enchères* de vente de biens de mineur, d'interdit ou de femme dotale, sans une autorisation préalable.

Le dictionnaire du Notariat, v° *Notaire*, n° 2546 et Sellier, note 2, n° 124, approuvent ces décisions; mais Gagneraux, p. 158, Dalloz, n° 291, v° *Notaire*, et Rolland de Villargues, v° *Notaire*, n° 361, pensent qu'elles sont trop sévères et qu'il suffit de bien prévenir les adjudicataires des dangers qu'ils peuvent courir. Pour nous, nous croyons devoir donner un conseil de prudence aux notaires en les engageant à ne pas employer *la forme de l'adjudication* pour des ventes semblables.

62° La loi, dans certaines dispositions spéciales, a formulé la défense expresse de recevoir certains actes.

Ainsi l'art 2 de l'ordonnance du 14 janvier 1831 porte : « Aucun notaire ne peut passer aucun acte « de vente, d'acquisition, d'échange, de cession ou « de transport, de constitution de rente, de transac- « tion au nom des établissements ecclésiastiques ou « de communautés religieuses de femmes, s'il n'est « justifié de l'ordonnance royale portant autorisa- « tion de l'acte, et qui doit y être entièrement « insérée. »

Le même principe est applicable aux autres établissements publics.

63° De même, le Ministre de la Justice, par décision du 21 mai 1806, a prescrit aux notaires de ne pas passer des actes pour des maires de communes et consentir par eux en cette qualité, sans l'autorisation préalable du gouvernement.

Néanmoins les maires sont autorisés à accepter à titre provisoire les donations, qui sont faites aux communes.

64° Un notaire n'aurait pas toutefois le droit de refuser son ministère, jusqu'à *production de la dispense*, pour passer un contrat de mariage entre un oncle et sa nièce, un beau-frère et sa belle-sœur ; car la dispense ne doit pas précéder le contrat de mariage, et depuis un certain temps, dans l'usage, on joint l'expédition du contrat aux autres pièces pour la demander.

Dalloz, v° *Notaire*, n° 295 ; Rolland de Villargues, *eod. verbo*, n° 380.

65° *D'un objet certain, qui forme la matière d'un engagement.*

Par les mêmes raisons de décider, un notaire devra refuser son ministère pour un acte, dans lequel ferait défaut un objet certain faisant la matière de l'engagement, toutefois il faut remarquer que cette cause de nullité des conventions se présente fort rarement, et que nous ne la mentionnons ici que pour ordre.

66° *D'une cause licite dans l'obligation.*

« Le notaire, dit Loret, p. 167, est l'officier établi « par la loi pour recevoir les conventions des parties, « et leur donner le caractère d'authenticité qui en « assure l'exécution ; mais la loi ne consacre ces « conventions, elle n'en garantit l'exécution, qu'au- « tant qu'elles sont en harmonie avec les lois géné- « rales relatives à la matière qui fait l'objet du con- « trat. L'art. 1131 du code civil, d'accord en cela « avec les principes de notre ancienne législation, « dit que l'obligation fondée sur une cause *illicite,* « ne peut avoir aucun effet; or, tout contrat, qui « serait un attentat contre les bonnes mœurs, qui « serait une opposition avec les lois positives, serait « fondé sur une cause illicite. Si donc on proposait à un « notaire de recevoir des actes de cette espèce, il serait « obligé de s'y refuser. Son caractère de ministre de « la loi doit lui faire rejeter tout ce qui est condamné « par elle. Ce refus, dans une pareille circonstance, « est de sa part l'observation de ses devoirs et un « hommage qu'il rend à la pureté de son ministère.»

67° Parmi les divers actes, qui blessent *la morale et l'honnêteté publique*, nous citerons :

1° Les contrats usuraires ;

2° Les actes injurieux pour des tiers ou même pour une des parties présentes ;

3° Les actes où il s'agirait d'une conspiration ou de protester contre la constitution et les lois fondamentales de l'Etat ;

4° Les actes qui contiendraient des déclarations immorales et déshonnêtes ou une plainte en matière criminelle ;

5° Les obligations causées pour prêt, où l'on insérerait des déclarations de majorité et extraits baptistaires. Arr. rég. 16 mars 1620.

68° Les statuts des notaires de l'arrondissement de Gray portent : « Les notaires doivent juger la mo- « ralité de l'acte, il faut que le principe, la cause leur « en soient démontrés ; que son utilité se prouve ; « que la bonne foi, la liberté l'accompagnent ; que « ce qu'on leur dicte soit et doive être la volonté des « contractants. »

Ainsi les notaires ne sont pas seulement astreints à refuser leur ministère pour des actes qui blesseraient l'ordre public et les mœurs, mais encore ils doivent ne pas prêter leur concours aux actes, dont on pourrait soupçonner la moralité ou dans lesquels ils apercevraient de la fraude.

« Le notaire, dit Loret, p. 82, doit sans cesse avoir « devant les yeux la sublimité du ministère, tout à « la fois moral et légal, qu'il exerce, et se souvenir « qu'il est préposé pour diriger les parties dans leurs « conventions, pour déjouer les combinaisons de « l'artifice, pour éclairer les détours de la mau- « vaise foi, pour parler à tous le langage de la paix « et de l'honneur ; en un mot, pour mettre en har- « monie la loi particulière qu'il crée dans son acte « avec les lois générales, qui doivent la régir. »

En conséquence lorsqu'une partie dissimule à l'autre des faits qui, s'ils étaient connus d'elle, pourraient l'empêcher de contracter ou qu'elle la trompe sur son identité ou sa capacité, le devoir du notaire est d'avertir le contractant, qui serait lésé par ce déguisement de la vérité.

Les faits, pour lesquels il y aurait lieu d'appliquer ces principes, sont tellement nombreux et variés, qu'une énumération ne pourrait en être que très-incomplète ; les meilleures guides dans cette matière sont pour un notaire, *sa conscience, son sens moral et la droiture de ses intentions.*

69° B. 2e Catégorie. *Des actes où les parties veulent enfreindre les lois sur le notariat ou la forme des actes notariés.*

Les notaires sont en outre tenus de refuser formellement leur ministère, lorsque les parties les sollicitent à enfreindre une disposition de loi sur le notariat ou les formes des actes notariés.

Nous citerons comme exemples :

1° La réception d'un acte où un notaire ou un de ses parents au degré prohibé a un intérêt personnel, (art. 8 de la loi de ventôse) ;

2° L'insertion dans un acte d'une convention tendant à rétablir le régime féodal ou d'une clause qui peut le rappeler, d'une manière directe ou indirecte, (art. 17 de la loi de ventôse) ;

3° La réception, les dimanches et jours de fêtes légales, des actes qui tiennent à la jurisprudence contentieuse, et dont l'énumération est faite dans le commentaire de l'art. 1er de cette loi ;

Loret, t. I, p. 168 ; Rolland de Villargues, v° 395, n° *Notaire* ; Ed. Clerc, t. II, *du Not*, t. 1er, n° 287 et *formul*, n° 58 ; *Dict. du Not.*, v° *Notaire*, n° 579.

4° Le notaire peut également refuser son ministère, quand on veut qu'il l'exerce dans des lieux ou des temps suspects ; (ord. juill. 1304, art. 6 ; art. 1057, c. proc.)

5° Il faut, d'après l'art. 11 de la loi de ventôse, qu'au cas où les parties sont inconnues au notaire, leur individualité soit attestée par des témoins :

6° Le notaire doit refuser son ministère, lorsqu'une partie veut le faire instrumenter hors de son ressort ;

7° Il doit aussi le refuser à celui qui prend la qualité de mandataire, sans produire une procuration (art. 13 de la loi de ventôse), ou lorsqu'il est de notoriété publique qu'elle est révoquée. (Alger 17 avril 1833.)

70° Le devoir du notaire consiste en outre à refuser son ministère pour les actes où les dispositions positives d'une loi pour toutes les *questions de forme* sont violées ; nous n'entendons parler ici que des *questions de forme*, car les questions de fond sont ordinairement complètement en dehors des appréciations du notaire. Ainsi, par exemple, peut-on exiger d'un notaire qu'il apprécie la lésion, qui existera dans un partage d'ascendant, ou la valeur d'un préciput qui excèdera la quotité disponible ? Evidemment non, car ce serait instituer le notaire juge de la validité des actes.

Nous citerons comme exemples d'actes contenant des infractions aux lois ceux qui renferment :

1° Des contre-lettres pour augmenter le prix des offices ;

2° La contrainte par corps dans les cas où elle ne serait pas formellement autorisée par la loi.

Amiens. — Typographie Lambert-Caron, place du Grand-Marché.

COURS DE NOTARIAT PRATIQUE

COMMENTAIRE DES LOIS ORGANIQUES DU NOTARIAT.

(*Loi du 25 Ventôse an* XI.)

ART. 4.

Chaque notaire devra résider dans le lieu qui lui sera fixé par le Gouvernement.

En cas de contravention, le notaire sera considéré comme démissionnaire ; en conséquence, le grand juge, ministre de la justice, après avoir pris l'avis du tribunal, pourra proposer au Gouvernement le remplacement.

COMMENTAIRE.

§ 1er *Règles générales sur l'obligation de la résidence. Ce qu'on doit entendre par lieu fixe de résidence.*

§ 2. *Fixation et changement de résidence.*

§ 3. *Des infractions à l'obligation de la résidence.*

§ 4. *Des répressions aux infractions sur la règle de la résidence.*

§ 1er Règles générales sur l'obligation de la résidence. Ce qu'on doit entendre par lieu fixe de résidence.

SOMMAIRE.

A. Définition de la résidence, ses caractères et ses obligations. (Nos 70 bis à 72.)

B. Des motifs, pour lesquels a été établie l'obligation de la résidence. (Nos 73 à 74.)

C. Que faut-il entendre par lieu fixe de résidence, dont parlent les articles 4 et 45 de la loi de ventôse ? (Nos 75 à 76.)

D. Le Gouvernement peut-il assigner pour résidence à un notaire un hameau, un faubourg distinct du chef-lieu de la commune ?

E. De la réunion de la résidence à un autre canton.

F. Des principaux effets de la résidence.

A. *Définition de la résidence, ses caractères et ses obligations.*

70° *bis*. La *résidence* est le lieu, dans lequel le notaire est tenu d'établir sa *demeure fixe, habituelle et permanente* pour l'exercice de ses fonctions.

Elle comporte non seulement l'obligation d'une *demeure fixe*, mais encore 1° celle d'une *habitation effective et habituelle;* 2° la réunion dans ce lieu de tout ce qui tient à l'exercice de la profession notariale, tel que *l'étude, le dépôt des minutes et l'habitation des clercs* ; (avis du Cons. d'Etat, du 7 fructidor an XII.)

En vertu du même principe, l'étude ne peut être *divisée*, c'est-à-dire, tenue dans plusieurs maisons.

71° Le notaire a le choix du local qu'il veut habiter, pourvu qu'il réside dans le lieu fixé par sa commission ; néanmoins certains anciens règlements lui prescrivaient de placer son étude loin des endroits exposés aux naufrages, aux incendies et autres cas fortuits, et, s'ils n'ont plus force de loi actuellement, la prudence en commande encore l'exécution. Ainsi nous voyons fréquemment de nos jours construire les études en voûte, pour préserver les minutes de l'incendie, et cette mesure devrait, à notre avis, être *généralisée.*

72° Quoique la résidence du notaire soit le lieu où il doit avoir son principal *établissement*, il peut néanmoins se rendre chaque jour dans un autre lieu habité par sa famille et même appartenant à un autre ressort, pourvu que le local de son étude reste placé dans sa résidence légale et doive être considéré comme le *siège de ses affaires*, que sa présence y soit journalière pour répondre aux réquisitions de ses clients, et qu'en un mot les intérêts de la localité qu'il abandonne chaque soir, ne soient pas en souffrance par suite de cet état de choses.

Cette doctrine enseignée par Dalloz, v° *Notaire*, n° 33, a été repoussée à tort, suivant nous, par un arrêt de la Cour de Rennes, du 4 nov. 1834, qui a vu dans ce déplacement *quotidien* une infraction à l'obligation de résidence.

B. *Des motifs, pour lesquels a été établie l'obligation de la résidence.*

73° Cette obligation, que la loi impose au notaire de résider dans un lieu fixe, repose sur plusieurs motifs :

Le *premier* est *l'intérêt public ;* en effet l'institution du Notariat a été établie par le Gouvernement, pour satisfaire aux besoins des populations et leur éviter des déplacements souvent considérables, en plaçant un notaire au milieu d'elles et dans un lieu désigné ; si la résidence était *facultative*, beaucoup de localités pauvres ou peu agréables à habiter seraient privées de ce fonctionnaire public, dont le ministère leur est cependant indispensable dans maintes circonstances.

Le *second* est *l'intérêt privé des notaires ;* si cette

obligation de la résidence n'existait pas, la plupart d'entre eux abandonneraient les campagnes, pour venir habiter les villes, et par suite de cette accumulation de fonctionnaires dans les mêmes lieux, l'on arriverait à créer une concurrence fâcheuse pour tous et incompatible avec la dignité de leur profession.

74° « Le fond de la disposition relative à la résidence, « dit M. le Conseiller d'État Réal, se trouve dans toutes « les lois anciennes ; on la revoit dans la loi d'oct. « 1791 (tit. 1, Sect. 2, art. 10) et dans les projets « soumis aux deux Conseils. L'abus que cette dis« position veut réprimer, est, pour ainsi dire, aussi « ancien que l'institution. Sous l'ancien régime, il « fut la source d'une foule de procès : les troubles de « la révolution permirent à cet abus de se développer « avec une nouvelle énergie : tous les points de la « République, et même la Capitale, offrent des preu« ves d'atteintes multipliées portées par cet abus à « la propriété.

« Si le notaire, ajoute le tribun Favard, pouvait « transférer à son gré sa résidence, la loi aurait man« qué son but, tant pour l'avantage de la société que « pour celui des notaires en particulier. On verrait « la majeure partie d'entre eux abandonner les cam« pagnes et venir habiter les villes, pour la résidence « desquelles d'autres notaires auraient payé un cau« tionnement plus considérable. »

C. *Que faut-il entendre par lieu fixe de résidence, dont parlent les articles 4 et 45 de la loi de ventôse ?*

75° 1er *Système.* — Le *lieu fixe* de résidence est le *bourg* ou *chef-lieu* de la commune, où se trouvent réunis l'église, la mairie et le presbytère.

L'on dit en faveur de ce système, que le notaire doit être placé au centre des affaires civiles et religieuses, et que dans les communes étendues, l'habitation du notaire à une de ses extrémités occasionnerait de grands déplacements et porterait une grande perturbation dans la formation de la clientèle.

On peut citer en faveur de ce système :

1° Une décision du ministre de la justice, du 18 mai 1822, relativement à Me Coron, nommé comme notaire à Caluire (Rhône), qui avait établi sa résidence au hameau de Saint-Claire limitrophe de Lyon et qui fut obligé de la fixer au chef-lieu ou bourg de Caluire ;

2° L'opinion de Gagneraux, p. 161, et du *nouveau dict. des notaires*, v° *Résidence*, n° 13.

76° 2e *Système.* — Le lieu de la résidence est *l'étendue de la commune*, pour laquelle le notaire est institué.

En conséquence un notaire peut choisir telle habitation, tel hameau que bon lui semble de la commune pourvu qu'il n'en franchisse pas les limites, et lors même que ce choix le rapprocherait de la résidence d'un autre notaire et pourrait lui enlever une partie de sa clientèle.

Rolland de Villargues; v° *résidence*, n° 16 ; Dict. du Not., *eod. verbo*, n° 14 ; Dalloz, v° *notaire*, n° 36; Favier de Coulomb; lég. du Not., art. 4; Augan, p. 46; Vavasseur et Defrénois, n° 26; Massé, t. 1er, p. 33; décis. min. de la just., 27 sept. 1845, 4 mai 1846, arrêt du Conseil d'État, du 30 nov. 1854.

Ce système prédomine avec *raison* et ses partisans disent que le notaire appartient à la commune et non à telle ou telle partie de la commune, et qu'en conséquence il peut fixer son séjour dans la partie de commune qu'il lui plait de choisir.

D. *Le gouvernement peut-il assigner pour résidence à un notaire un hameau, un faubourg distinct du chef-lieu de la commune ?*

77° *L'affirmative* résulte d'une ordonnance royale du 9 mai 1838.

Rolland de Villargues, v° *résidence*, n° 18; Dict. du Not.. *eod., verbo*, nos 15 et 16.

Dans ce cas, le notaire ne peut transporter sa résidence dans une partie de la commune autre que celle désignée spécialement dans la commission, sans commettre une infraction à l'obligation de la résidence. Cette doctrine résulte d'une manière formelle et expresse de l'art. 45 de la loi de ventôse et de cette expression de *lieu fixe*, qui y est employée.

Dalloz, v° *Notaire*, n° 35; Toulouse, 31 déc. 1844.

78° Le ministère de la justice a même décidé le 28 mai 1837 que, lors même que la commission assignerait à un notaire la commune, sans aucune autre indication plus précise, ce dernier nommé en remplacement d'un autre notaire résidant dans un *faubourg*, ne peut transporter sa résidence dans la ville même, de laquelle dépend le faubourg.

E. *De la réunion de la résidence à un autre canton.*

79° Si par une nouvelle circonscription de territoire, la résidence d'un notaire est réunie à un autre canton, il *conserve* sa résidence et acquiert le droit d'instrumenter dans le *nouveau* canton, mais il perd celui d'exercer dans l'*ancien*.

F. *Des principaux effets de la résidence.*

80° La résidence a *deux* effets importants :

Le *premier*, de déterminer le ressort, dans lequel le notaire doit instrumenter ;.

Le *second*, qui est en quelque sorte la *conséquence* du premier, d'indiquer la classe des différentes études.

§ 2. Fixation et changement de résidence.

81° La fixation de la résidence est un *droit exclusif* du Gouvernement, ainsi qu'il résulte de l'art. 45 de la loi de ventôse ainsi conçu : « Les notaires « seront nommés par le premier consul (actuellement « l'Empereur) et obtiendront de lui une commission, « qui énoncera le lieu fixe de la résidence. »

Nous examinerons au commentaire de cet article 45 toutes les questions relatives à la fixation de la résidence et au changement qui peut en être fait sur l'initiative du Gouvernement ou sur la demande du titulaire.

3. — Des infractions à l'obligation de la résidence.

SOMMAIRE.

82° *Comment doit être exécutée l'obligation de la résidence ?*

L'obligation de la résidence doit être *conciliée* avec le droit qu'a le notaire d'instrumenter dans son ressort. Ainsi nous avons vu sous le commentaire de l'article 3 que le notaire est tenu d'obéir aux réquisitions des parties et de se transporter dans le lieu où son ministère est nécessaire, pourvu que ce lieu appartienne au ressort qui lui est assigné par sa classe ; en conséquence, il peut se déplacer et aller recevoir des actes dans une commune où réside un autre notaire, mais il faut que ce déplacement n'ait lieu que sur une réquisition expresse des parties.

Décis. min. just., du 30 oct. 1834 et 3 déc. 1836.

83° *La réquisition des parties doit-elle être écrite, et le notaire doit-il en justifier? Valeur de la mention de réquisition insérée dans l'acte.*

Il n'est pas nécessaire que cette réquisition soit écrite ni qu'elle soit faite par le ministère d'un huissier ; il suffit qu'elle soit verbale, et *on doit supposer son existence jusqu'à preuve contraire.*

De plus, le notaire n'est pas tenu d'en justifier à qui que ce soit.

Néanmoins le ministère public est autorisé à faire la preuve de l'absence de réquisition, lors même que l'acte contiendrait la mention expresse que le *notaire a été requis ;* car cette mention, qui n'est pas de l'essence de l'acte et qui est étrangère aux parties, peut être déclarée mensongère, sans nuire à l'authenticité de l'acte.

84° *Des infractions diverses à la règle de résidence.*

L'infraction à l'obligation de résidence peut avoir lieu de trois manières :

A. *Par une absence prolongée de l'étude, qui pourrait en faire présumer l'abandon ;*

B. *Par l'ouverture d'une seconde étude ;*

C. *Par le transport périodique et à jour fixe du notaire dans une autre commune.*

85° A. *Absence prolongée de l'étude.*

Le notariat, avons-nous dit, est institué pour satisfaire aux divers besoins des citoyens ; il est donc nécessaire qu'un notaire ne fasse pas une absence de son étude assez prolongée, *pour que les intérêts de sa clientèle soient en souffrance.*

Mais dans quelles circonstances une absence pourra-t-elle être considérée comme une infraction à la règle de la résidence? C'est là évidemment une question *toute d'interprétation* laissée à l'appréciation du Ministre de la Justice. Mais, néanmoins, il faut, d'une part, que l'absence soit assez prolongée pour obliger la clientèle à un déplacement, et, d'autre part, que l'examen des circonstances puisse faire supposer chez le notaire *l'intention* d'abandonner son étude.

Nous pensons donc avec le *Dict. du Not. v° résidence,* n° 79, que, lorsqu'un notaire doit faire une absence *momentanée* de son étude, il n'est pas astreint à en demander l'autorisation au procureur impérial. Cependant, si son absence doit être assez longue, nous pensons que par prudence il doit avertir le procureur impérial et le président de la Chambre et s'entendre en outre avec un de ses confrères pour le substituer.

86° Il y a *abandon* de la résidence :

1° Lorsque le notaire quittant la résidence qui lui est fixée, va s'établir avec sa famille, ses clercs et ses minutes dans une autre commune, pour y avoir étude ;

Tournon, 16 déc. 1836 ; Draguignan, 14 fév. 1837 ; Cass., 11 janvier 1841.

2° Lorsqu'il ne conserve qu'un domicile fictif au lieu de sa résidence de droit ;

Ord., 26 nov. 1836 ; Trib. d'Issingeaux, 20 mai 1845 ; Toulouse, 14 juin 1858.

3° Lorsqu'il s'absente pendant un temps assez long, sans donner de ses nouvelles ;

4° Lorsqu'il prend la fuite par suite du mauvais état de ses affaires ou pour éviter des poursuites criminelles.

87° B. *Création d'une seconde étude.*

La création d'une seconde étude dans une commune autre que celle fixée pour la résidence, est caractérisée par ces quatre faits : 1° *La périodicité du transport dans cette commune ;* 2° *Le choix d'un local déterminé,* dans lequel le notaire instrumente et attend sa clientèle ; 3° *L'absence de réquisition par les parties ;* 4° Et surtout *l'installation d'un clerc à domicile* et *le dépôt d'un certain nombre de minutes* concernant la localité où le notaire instrumente illégalement.

Toutes ces circonstances réunies établissent la création d'une seconde étude et sont considérées par une nombreuse jurisprudence comme constituant une infraction formelle à l'obligation de la résidence.

Dict. du Not., v° *résidence*, n° 57 ; Rolland de Villargues, *cod. verb.*, 29.

Ord. 2 nov. 1835 et 26 nov. 1836 ; Cass., 25 juillet 1840 et 11 janv. 1841 ; Rennes, 26 juin 1833 et 24 août 1841 ; Riom, 18 mai 1833, 12 mars 1844 et 28 déc. 1846 ; Rouen, 26 juin 1837, 9 fév. 1839 ; Rennes, 1er avril 1843 ; Paris, 4 fév. 1843 ; Trib. Neufchâtel, 31 janv. 1835 ; Trib. Brignoles, 10 août 1836 ; Tournon, 16 déc. 1836 ; Pont-Audemer, 25 mai 1838 ; Bordeaux, 21 août 1854 ; Domfront, 21 juillet 1858 ; Bourbon-Vendée, 1er avril 1856 ; Cass., 30 mai 1859.

88° C. *Transport périodique et à jour fixe dans une autre commune.*

Certains notaires ruraux ont l'habitude de se transporter à leur chef-lieu de canton les jours de foires et marchés, y donnent des rendez-vous d'affaires et y reçoivent des actes dans les auberges.

Il n'y a pas, dans l'espèce, ce qui constitue la création d'une seconde étude, c'est-à-dire la location d'un local déterminé, où le notaire instrumente et le dépôt d'un certain nombre de ses minutes dans ce local.

Mais peut-on considérer néanmoins le transport périodique et à jour fixe comme une infraction à la règle de la résidence ?

Pour soutenir qu'il n'y a pas infraction, l'on peut dire en faveur des notaires ruraux qu'ils sont tenus de faire enregistrer leurs actes au bureau du chef-lieu du canton, et que leur clientèle se rendant aux foires et marchés, ils n'y viennent eux-mêmes que pour se mettre à leur disposition et leur éviter un déplacement quelquefois considérable.

Ch. des not. de Bergerac, 17 nov. 1854 ; Nimes, 23 déc. 1825 ; Cass., 21 fév. 1827 ; trib. de Dreux, 14 janv. 1832 ; Paris, 14 mai 1832 ; décis. min. de la just., du 3 déc. 1836.

Mais pour établir qu'il y a infraction, l'on répond que le transport du notaire à jour fixe et effectué ordinairement dans l'unique but de recevoir des actes, est une contravention formelle à la règle de la résidence, et que les notaires n'exerçant leur ministère que sur la réquisition des parties, d'après l'art. 3 de la loi de ventôse, ne peuvent aller dans un chef-lieu de canton où résident ordinairement d'autres notaires, enlever la clientèle de ces derniers et leur faire une concurrence déloyale.

Evreux, 27 août 1836 ; Bordeaux, 21 août 1854 ; Caen, 4 juin 1857 ; Lisieux, 22 avril 1858 ; Cir. du procur.-gén. de Caen, 22 janvier 1841 et 30 juin 1857.

Dict. du Not., v. *résidence*, nos 65 et suivants.

89° Pour nous, nous pensons que la question dépend entièrement des circonstances et surtout des habitudes de chaque clientèle.

Ainsi, le notaire rural ne reçoit-il au chef-lieu de canton que les actes de sa clientèle ordinaire, c'est-à-dire, de celle que comporte sa résidence, et ce transport dans les foires et marchés n'est-il de sa part qu'un moyen de la retenir et de la satisfaire ! Nous inclinerions alors à enseigner que ce fait du transport périodique n'est pas une infraction à l'obligation de la résidence.

Mais si, au contraire, la clientèle du notaire rural n'a pas l'habitude de fréquenter les foires et les marchés du chef-lieu de canton, et si le transport périodique de ce dernier n'a dès lors d'autre but que d'enlever à ses confrères du chef-lieu des actes qui devraient leur revenir, nous n'hésiterons pas à déclarer que dans ce cas nous voyons une infraction bien caractérisée à la règle de la résidence.

Il faut ajouter que le nombre plus ou moins grand des actes reçus par le notaire hors de sa résidence doit être pris en grande considération dans l'appréciation de la question.

Notre argumentation repose sur ce principe que la résidence notariale n'a été établie par le gouvernement que pour faciliter les transactions sociales et pour éviter une concurrence déloyale entre les notaires. Or, si le fait du transport périodique d'un notaire n'est pas un acte de concurrence illégale, il ne peut être considéré comme une infraction à l'obligation de la résidence.

90° Il est presque superflu d'observer que ce qui constitue l'infraction, ce n'est pas la fréquence des transports, mais bien l'absence de réquisition par les parties.

91° *Marche à suivre pour constater l'infraction à l'obligation de la résidence.*

La contravention à l'obligation de la résidence ne peut être appréciée qu'après une enquête contradictoire faite à la diligence du ministère public, et chaque affaire pour recevoir une solution judiciaire et équitable, doit être étudiée avec soin dans ses phases diverses et dans ses différentes circonstances.

Mais si un notaire se trouve lésé dans ses intérêts par les infractions à la résidence d'un confrère, il doit, avant de porter sa plainte au parquet, réclamer l'intervention *paternelle* de la chambre de discipline, qui souvent, par un simple avis, peut faire cesser cet abus.

§ 4. — Des répressions aux infractions sur la règle de la résidence.

SOMMAIRE.

92° *Des diverses sortes de répression.*

Les infractions à la résidence sont soumises à deux sortes de répression : l'une qui est l'*action publique* est exercée par le gouvernement, le tribunal civil ou la chambre de discipline, et l'autre qui est *l'action civile* est mise en mouvement par le notaire, qui est lésé dans ses intérêts par l'infraction de résidence.

93° A. *De l'action publique. Ses subdivisions en action administrative et action disciplinaire.*

L'*action publique* se subdivise en *action administrative* et *action disciplinaire*.

94° De *l'action administrative.*

L'*action administrative*, résulte de ces termes employés dans l'art. 4 de la loi de ventôse : « En cas « de contravention, le notaire sera considéré comme « démissionnaire ; en conséquence, le grand juge, « ministre de la justice, après avoir pris l'avis du « tribunal, pourra proposer au gouvernement le remplacement. »

L'expression *pourra*, dont se sert le législateur, démontre que le droit de réputer démissionnaire le notaire qui enfreint la résidence est pour le garde des sceaux une faculté, un *pouvoir discrétionnaire*, dont l'exercice n'est subordonné à aucun délai fatal.

Du reste, si le notaire qui a enfreint la résidence a donné sa démission, il n'y a pas lieu de le poursuivre en vertu de l'art. 4. (décis. min. just., du 17 oct. 1837.)

95° Le droit de pourvoir au remplacement du notaire infracteur, appartient *exclusivement* au garde des sceaux et n'est nullement de la compétence des tribunaux.

Turin, 9 janv. 1810 ; Metz, 21 juill. 1818 ; ord. Cons. d'État, 28 août 1822, 9 mai 1838, et décret du 30 juin 1860.

Et les décisions du garde des sceaux à cet égard ne peuvent être déférées au Conseil d'Etat par la voie contentieuse.

Ord. du Cons. d'Etat. du 28 août 1822 et 9 mai 1838.
Contrà. Gagneraux, n° 24.

96° *Dans quels cas s'exerce l'action administrative?*

L'action administrative s'exerce aussi bien dans le cas du *transport périodique* que dans ceux *d'abandon absolu* de la résidence ou d'*ouverture d'une seconde étude*.

Turin, 9 janv. 1810; Nîmes, 25 déc. 1825; Cass., 29 juin 1829; Ord. des 2 nov. 1835 et 6 novembre 1836.
Contrà. Dreux, 27 août 1860.

97° *Des mesures à prendre et des formalités à remplir pour arriver à la démission du notaire infracteur.*

Le notaire lésé par une infraction de résidence peut adresser contre son confrère une plainte, soit à la chambre de discipline, qui par son intervention paternelle peut faire cesser l'abus, soit au procureur impérial ou au ministre.

Il résulte d'une circulaire ministérielle du 24 vendém. an VI, que, sur *une première plainte*, le ministre se borne à faire des injonctions officieuses, et, par exemple, charge le procureur impérial d'avertir le notaire ; si celui-ci continue, le ministre ordonne au procureur impérial de demander l'avis du tribunal, par simple voie *consultative*.

Req., 24 juin 1829.

Le tribunal demande ordinairement des renseignements à la chambre de discipline, avant de formuler son avis.

Lorsque le ministre ne se trouve pas suffisamment éclairé, soit par la plainte, soit par les renseignements de la chambre ou du tribunal, il ordonne une enquête qui a lieu à la requête du ministère public et contradictoirement avec le notaire contrevenant. Cette enquête est adressée au ministre, qui provoque une ordonnance de démission, dont une copie, par l'intermédiaire du procureur impérial, est notifiée au notaire.

98° *Des effets et des conséquences de la démission.*

Le notaire démissionnaire doit cesser ses fonctions du jour où lui est parvenue la notification.

Décis. minist. just., 12 déc. 1836 et 19 janv. 1837; Dalloz, n° 49.
Contrà. Dict. du Not., v° *résidence*, n° 101.

Mais quoique démissionnaire, il peut présenter un successeur.

Décis. minist. just. 19 janv. 1837; Dalloz, n° 49.

La démission est immédiatement suivie d'une apposition de scellés sur les minutes, qui sont remises à un autre notaire en vertu d'une ordonnance du président du tribunal. Art. 61 de la loi de ventôse.

99° *De l'action disciplinaire.*

Les tribunaux civils sont-ils compétents pour connaître *disciplinairement* de la contravention d'infraction à la résidence commise par un notaire, lors même qu'il n'y a pas lieu à l'application de la peine portée par l'art. 4 de la loi de ventôse?

La *négative* a été décidée par la cour de Metz, 20 juin 1816 ; mais l'*affirmative* a prévalu en jurisprudence et en doctrine.

Évreux, 27 août 1836; Bourbon-Vendée, 1er avril 1846; Rouen, 26 juin 1837; Limoges, 9 nov. 1842; Paris, 31 janv. 1843; Toulouse, 31 déc. 1844; Cass., 21 fév. 1827; Bordeaux, 29 nov. 1859; Paris, 17 mars 1862.
Dict. du Not., nos 105 et suiv.; Dalloz, n° 56; Gagneraux, nos 23 et 26; Rolland de Villargues, n° 93.

100° Mais si un notaire avait abandonné sa résidence pour se soustraire à une action criminelle, dirigée contre lui, sa destitution ne devrait pas être poursuivie *administrativement*, en vertu de l'art. 4 de la loi de ventôse, mais *judiciairement*, conformément à l'art. 53 de la même loi. Il serait donc déchu du droit de présenter un successeur.

Déc. minist. 11 juillet 1835.

101° L'action disciplinaire peut être portée, soit devant la Chambre de discipline pour application de l'une des peines prévues par l'art. 14 de l'ord. du 4 janv. 1843, soit devant le tribunal de première instance, en vertu de l'art. 53 de la loi du 25 ventôse an XI.

Toutefois les tribunaux ne peuvent pas appliquer la peine de la destitution, parce qu'alors ils empiéteraient sur les prérogatives du garde des sceaux, mais seulement la suspension ou toute autre peine.

102° B. *De l'action civile en dommages-intérêts.*

Le notaire que lèse un de ses confrères par l'infraction de la résidence, a une action civile en dommages-intérêts pour réparation du préjudice que lui cause ce fait.

La base de cette action est puisée dans le principe général édicté par les art. 1382 et suiv. du C. N. ; mais elle ne peut être intentée qu'autant qu'il existerait *en fait* un *détournement de clientèle.*

Aurillac, 10 août 1836; Dict. du N., v° *résidence*, n° 123.

La jurisprudence est constante sur ce point qu'un notaire qui par infraction à la règle de la résidence détourne la clientèle de ses confrères, peut être poursuivi en dommages-intérêts par ces derniers, surtout lorsqu'il y a des manœuvres dolosives.

Cass. 15 juill. 1840, 11 janv. 1841, 30 mai 1859 et 8 mars 1864; Riom, 18 mai 1833 et 28 fév. 1834; Rouen, 26 juin 1837; Lyon, 30 août 1838 et 28 mars 1840; Nîmes, 17 juin 1839; Rennes, 24 août 1841 et 11 déc. 1843; Paris, 31 janv. 1843; Caen, 4 juin 1857; Neufchâtel, 31 janv. 1833; Aurillac, 10 août 1836; Brignoles, 20 août 1836; Tournon, 16 déc. 1836; Draguignan, 14 fév. 1837; Privas, 17 avr. 1837; Villefranche, 29 mars 1838; Pont-Audemer, 15 mai 1838; Bourbon-Vendée, 1er avril 1846; Gien, 2 fév. 1858; Lisieux, 22 avr. 1858; Toulouse, 14 juin 1858; Domfront, 21 juillet 1858; Draguignan, 22 mars et 1er août 1858; Aix, 21 fév. 1860; Pau, 28 fév. 1861 et 4 fév. 1862.

Dalloz, n° 61; Clotteau, n° 53; Rolland de Villargues, v° *résidence*, n° 59; Dict. du Not., n° 118.

103° L'action civile est indépendante de l'action publique et peut s'exercer, lors même que cette dernière n'aurait pas eu lieu.

Cass., 11 janv. 1841.
Contrà. Aix, 29 juillet 1837.

Ou lors même que le notaire poursuivi disciplinairement aurait été acquitté.

Draguignan, 14 fév. 1837; Nîmes, 17 juin 1839.

104° L'appréciation du préjudice souffert a pour principaux éléments : 1° le montant des honoraires des actes détournés ; 2° la durée de l'infraction ; 3° le tort éventuel qui peut résulter d'une clientèle enlevée peut-être sans retour; 4° la diminution, qui doit affecter la valeur de l'étude en cas de cession.

La preuve de l'infraction peut s'établir par titres et par témoins. — Villefranche, 29 mars 1838 ; mais le notaire lésé n'est pas autorisé à demander la vérification de la totalité des minutes du notaire infracteur; cette mesure fort grave ne peut être autorisée que pour l'action publique.

ART. 5.

Les notaires exercent leurs fonctions, savoir :

Ceux des villes où est établi le tribunal d'appel, dans l'étendue du ressort de ce tribunal ;

Ceux des villes où il n'y a qu'un Tribunal de Première Instance, dans l'étendue du ressort de ce tribunal ;

Ceux des autres communes, dans l'étendue du ressort du Tribunal de Paix.

COMMENTAIRE.

§ 1er. *De la fixation du ressort des notaires et de ses bases ;*

§ 2e. *Des difficultés que peut présenter la détermination des règles du ressort.*

§ 1er. De la fixation du ressort des notaires et de ses bases :

SOMMAIRE.

105. Définition du ressort.
106 à 108. Des motifs, pour lesquels le législateur a établi les ressorts.
109. De la classification des ressorts.
110. Cette classification des ressorts établit-elle une prééminence des notaires de la première ou de la seconde classe sur ceux de la troisième ?
111. A qui s'appliquent ces règles du ressort ?
112. D'une exception à la règle du ressort.

105. *Définition du ressort.*

Le ressort est une étendue de territoire, dans laquelle un notaire a le droit d'instrumenter et hors de laquelle il est sans caractère légal pour authentiquer les conventions.

Le ressort détermine donc la capacité du notaire, et sa qualité de fonctionnaire public est en quelque sorte attachée au territoire, qu'il embrasse.

Mais il ne résulte nullement de cette division des ressorts que l'habitant d'une commune ayant un acte à passer, n'ait pas la faculté de choisir dans les diverses classes de notaires celui auquel il veut en confier la rédaction ; il peut à son gré s'adresser aux notaires de son canton, du chef-lieu de son arrondissement ou de la ville où est établie une cour impériale.

106. *Des motifs, pour lesquels le législateur a établi les ressorts.*

« Les notaires, dit Loret, p. 174, exerçent une « magistrature ; ils sont revêtus par la loi du pouvoir « de donner aux conventions des parties, le carac- « tère d'authenticité attaché aux actes de l'autorité « publique ; ils sont, pour la juridiction volontaire, ce

« que les tribunaux sont pour la juridiction contentieuse ; ils doivent donc, comme les tribunaux, « avoir un ressort certain, un arrondissement déterminé, dans l'étendue duquel leurs fonctions soient « circonscrites et leurs pouvoirs connus. »

107. M. Favard, rapporteur du tribunal, voulant justifier l'établissement de plusieurs ressorts, rappelait que l'exercice du Notariat a, de tout temps, été circonscrit dans les limites territoriales et ajoutait :

« Le projet consacre le même principe ; il l'a accommodé au plan général du système judiciaire, il « a paru juste que les officiers de la juridiction volontaire eussent la même étendue de ressort que les « magistrats de la juridiction contentieuse.

« Distribuer les notaires par ressort, les circonscrire dans ce même ressort, c'est les attacher à « leur place, c'est se préparer les moyens de les réduire au nombre nécessaire, c'est enfin les rendre « plus utiles aux citoyens pour lesquels ils sont établis ; d'ailleurs, l'étendue des justices de paix qui « forment le dernier ressort se trouve plus considérable que ne l'était celle d'une foule de petites juridictions anciennes, auxquelles la majeure partie « des notaires étaient attachés, et, sous ce rapport, « l'institution nouvelle leur est avantageuse. »

108. Enfin, M. le conseiller Réal, exposant comme organe du gouvernement les motifs de la loi, expliquait en ces termes la distinction des ressorts :

« Il faut reconnaître d'abord que si l'étude des « lois, si la lecture des bons auteurs, sont des éléments nécessaires à l'instruction de l'homme qui « se destine au Notariat, la perfection de cette instruction, le seul moyen de l'utiliser par l'application dépend essentiellement, je dirais presque uniquement, de l'expérience ; et par conséquent « l'instruction sera incontestablement plus grande et « le talent sera plus parfait là où les affaires seront « plus avantageuses, plus variées, et où le commerce « et une population forte, compliquant les intérêts, « présenteront dans les transactions des questions « plus délicates à traiter, plus difficiles à résoudre.

« Ainsi des affaires plus difficiles exigeant une « instruction plus parfaite, la nature des choses « condamne la commune, et la loi doit, dans la distribution des ressorts qu'elle donne aux notaires, « établir une différence proportionnée à la différence « qu'elle suppose dans l'instruction. »

109. *De la classification des ressorts.*

Les ressorts sont divisés par l'article que nous commentons en *trois classes :*

La *première classe* se composant des notaires résidant dans une ville où est établi un tribunal d'appel dénommé actuellement cour impériale, a le droit d'instrumenter dans l'étendue du ressort de cette cour.

La *seconde classe* comprenant les notaires établis dans une ville où existe un tribunal de première instance, a elle-même pour ressort l'étendue du ressort de ce tribunal.

Enfin, la *troisième classe*, composée des notaires résidant dans des villes ou bourgs où n'existent ni tribunal de première instance ni cour impériale, a le même ressort que le tribunal de paix connu maintenant sous le nom de justice de paix.

110. *Cette classification des ressorts établit-elle une prééminence des notaires de la première ou de la seconde classe sur ceux de la troisième?*

La qualité du ressort n'a nullement pour effet d'établir une distinction des notaires en notaires de ville et notaires de campagne, ni de créer pour les notaires de la première ou de la seconde classe une certaine prééminence sur ceux de la troisième ; les uns et les autres ont les mêmes droits, les mêmes devoirs, et il est vrai de dire avec Loret, t. I, p. 177, que « sous le « point de vue de la confiance, les notaires ne composent qu'une seule classe. »

111. *A qui s'appliquent ces règles du ressort?*

Les règles du ressort s'appliquent aux notaires en second comme aux notaires en premier ; les uns et les autres sont obligés de les observer, à peine de nullité de l'acte qu'ils reçoivent en dehors du territoire où ce ressort est circonscrit.

112. *D'une exception à la règle du ressort.*

Une seule exception à cette règle est prévue par l'art. 205 du C. de Procéd. civ. En vertu de cet article, lorsqu'il y a inscription de faux, un notaire peut faire la copie figurée d'un acte, lors même que le greffe du tribunal où il le dépose appartiendrait à un autre ressort que le sien.

§ 2. **Des difficultés que peut présenter la détermination du ressort.**

113. *Première difficulté.*

Les notaires résidant dans des bourgs ou villages, dont le chef-lieu de canton est le siége d'une cour impériale ou d'un tribunal de première instance, doivent-ils être considérés comme des notaires de première ou de seconde classe ?

La *négative* a été décidée en ces termes par un avis du Conseil d'État du 7 fructidor an XIII, ainsi conçu :

« On ne peut considérer comme notaires de première ou de seconde classe, ayant pour ressort « celui d'une cour d'appel ou d'un tribunal de première instance, que *les notaires dont la résidence* « *est fixée dans les villes où siégent ces tribunaux ;* « au contraire, les notaires qui résident dans les communes rurales, faisant partie des cantons, dont ces « villes sont les chefs-lieux, ne sont que de la troisième classe, et n'ont droit qu'à une commission de « cette dernière classe. »

114. *Deuxième difficulté.*

Les notaires ruraux attachés à des justices de paix, dont le chef-lieu est fixé dans une ville où siége un tribunal supérieur, ont-ils le droit d'exercer dans toute l'étendue de cette ville concurremment avec les notaires, qui y sont établis?

L'affirmative résulte de l'avis précité du Conseil d'État du 7 fructidor an XII, que nous reproduisons textuellement :

« La loi du 25 ventôse an II, accordant aux notaires de simple justice de paix ou de troisième classe le droit d'exercer leurs fonctions dans toute l'étendue de la justice de paix, ceux résidant dans une commune rurale dont le chef-lieu est une ville où siége, soit une cour d'appel, soit un tribunal de première instance, peuvent, lorsqu'ils en sont requis, se transporter dans *la partie* de ces villes dépendant de leur justice de paix pour y instrumenter; mais ils ne peuvent ouvrir étude, ni conserver le dépôt de leurs minutes ailleurs que dans le bourg ou village qui leur est assigné pour lieu de résidence. »

Par décision du 7 juin 1837, M. le garde des Sceaux a fait l'application de cette règle, en prescrivant à un notaire rural de n'instrumenter que dans la partie de la ville dépendant de la justice de paix.

115. *Troisième difficulté.*

Les notaires résidant dans une ville, siége d'une cour impériale ou d'un tribunal de première instance, concourent-ils avec ceux qui sont établis dans les bourgs et villages, pour former ensemble le nombre de notaires, que la loi prescrit par chaque canton?

Le Conseil d'État, par son arrêté précité du 7 fruct. an XII, a également résolu cette question :

« L'art. 31 de la loi du 25 vent. an II, voulant que le nombre des notaires soit fixé en raison de la population et du ressort, les notaires de la ville doivent, dans le cas posé, concourir avec ceux des bourgs et villages, pour former l'établissement des notaires des justices de paix, dans la proportion du nombre des habitants que renferme la ville avec celui des communes rurales dépendant de la même justice de paix. »

116. *Quatrième difficulté.*

Lorsqu'une ville où n'est établi ni tribunal de première instance ni cour impériale, est néanmoins divisée en deux cantons formant chacun le siége d'une justice de paix, les notaires résidant dans cette ville peuvent-ils instrumenter dans l'étendue de toute la ville ou seulement dans la partie de cette ville dépendant du canton où ils résident?

1er *Système.* Ils peuvent instrumenter dans toute la ville, parce que la ville, quoique divisée en deux cantons, ne forme qu'une seule commune et que la population de cette commune ayant servi de base pour établir le tarif de leur cautionnement, il y aurait de l'injustice à restreindre leur ressort sur une partie de la ville seulement.

Loret, p. 179 ; Gagneraux, n° 14 du commentaire de l'art. 5.

2e *Système.* Chacun des notaires ne peut exercer que dans la partie de la ville, dont dépend sa justice de paix, et s'il en était autrement, la règle du ressort ne serait pas observée.

C'est à ce système que nous nous rattachons comme étant plus conforme au texte et à l'esprit de la loi.

Dict. du Not., v° *ressort*, n° 39; Rolland de Villargues, *cod. Verb.*, n° 13; Dalloz, v° *notaire*, n° 78; Augan, p. 18; Favier de Coulomb, sur l'art. 5.

117. *Cinquième difficulté.*

Lorsque le tribunal de première instance se tient dans une autre ville que le chef-lieu d'arrondissement, le droit d'être notaires de seconde classe appartient-il aux notaires résidant dans le siége de droit du tribunal ou à ceux établis dans le siége de fait?

Le garde des Sceaux, par une décision dont aucun recueil ne donne la date, accorde la prérogative de notaires de seconde classe à ceux qui résident dans le *siége de fait* du tribunal, sur le motif que le texte de la loi les désigne formellement et sans ambiguïté possible par ces mots : *Dans une ville où il y a un tribunal de première instance.*

118. *Sixième difficulté.*

Lorsque le siége du tribunal est déplacé, les notaires de l'ancien siége perdent les prérogatives de notaires de seconde classe, et le titre passe de plein droit aux notaires du nouveau siége.

Les notaires du nouveau siége ne doivent pas pour cette extension du ressort une *indemnité* aux notaires de l'ancien siége, parce que le dommage qui résulte pour les derniers de ce déplacement n'est pas causé par le fait des premiers.

ART. 6.

Il est défendu à tout notaire d'instrumenter hors de son ressort, à peine d'être suspendu de ses fonctions pendant trois mois, d'être destitué en cas de récidive, et de tous dommages-intérêts.

COMMENTAIRE.

§ 1er. *Prohibition faite aux notaires d'instrumenter hors de leur ressort;*

§ 2e. *Sanctions pénales de la prohibition faite aux notaires, d'instrumenter hors de leur ressort.*

§ 1er. Prohibition faite aux notaires d'instrumenter hors de leur ressort.

SOMMAIRE.

---

119. — *Des motifs de cette prohibition.*

La défense qu'édicte cet article est la *conséquence* naturelle de la disposition contenue dans l'article précédent. Il ne suffisait pas, en effet, de circonscrire dans des limites déterminées le ressort des notaires, sans leur interdire d'instrumenter ailleurs et sans fixer les peines, qui seraient la suite de l'infraction.

Nous avons déjà eu occasion de dire que *la qualité de notaire était attachée au territoire,* en sorte qu'en dehors d'un certain territoire, qui lui est assigné sous le nom de *ressort* pour l'exercice de ses fonctions, cet officier public n'a aucun caractère pour attester la présence des parties, leurs signatures ou déclarations de ne savoir signer, pour *authentiquer*, en un mot, *les conventions.*Les actes dépourvus alors de toute authenticité peuvent seulement valoir comme sous seing privé, s'ils sont revêtus de la signature des parties, ainsi que nous l'expliquerons plus amplement dans le commentaire de l'article 68 de cette loi.

120. — *Que faut-il entendre par le mot* INSTRUMENTER?

Des *pourparlers* entre les parties à la *réalisation des conventions* par acte authentique, il y a deux périodes, *deux ordres successifs* de faits bien distincts.

La *première période*, le premier ordre de faits comprend les pourparlers, les conférences, les préliminaires, les discussions des parties, les travaux préparatoires d'une affaire, tels, par ex., que la réunion des prétendants à l'acquisition d'un terrain, la fixation des prix et des autres conditions, et quelquefois même l'assistance à la rédaction d'un acte sous-seing privé.

L'adhésion de toutes les parties, la lecture de l'acte par le notaire, la signature par les contractants constituent la *seconde période* à parcourir pour la conclusion définitive et irrévocable de l'opération.

Pendant tous les faits de la *première période* le notaire n'est pas encore dans l'exercice de ses fonctions, et les parties n'ont pas besoin de faire appel à son caractère public.

Mais il en est autrement pour les faits de *la seconde période,* quand les consentements des parties étant échangés et irrévocablement fixés, les conventions sont lues par le notaire et acceptées par les signatures des contractants; alors il agit comme officier public, *il reçoit un acte et instrumente.*

Cette doctrine qui est confirmée par la loi du 21 juin 1843 et le rapport qu'a présenté M. Philippe Dupin, est enseignée par tous les auteurs.

Gagneraux, n° 10; Augan, p. 49; Sellier, note 12, n°s 6 et suiv.; Dalloz, v° *notaire*, n° 80; Dict. du not., *v° ressort*, n° 46; Rolland de Villargues, *cod. verb.*, n° 18; Chotteau, n° 71; Ed. Clerc, *formul.*, n° 113.

121. — M. Delangle, alors avocat général, portant la parole devant la chambre des requêtes de la cour de cassation, le 1er juin 1842, aff. Poinsignon, avait dit, il est vrai, que la réception d'un acte devait s'entendre non pas seulement de la formation du contrat, c'est-à-dire de sa lecture et de sa signature, mais encore des discussions préliminaires, des débats plus ou moins étendus qui ont existé entre les parties, en présence du notaire.

Mais nous croyons avoir suffisamment prouvé que cette opinion, d'ailleurs isolée, de l'éminent magistrat ne peut pas être suivie.

122. — Toutefois, si un notaire non-seulement assistait aux pourparlers des parties, mais encore écrivait l'acte en dehors du ressort, se réservant de faire apposer les signatures des contractants dans son étude, et si ce fait, loin d'être isolé et accidentel, rentrait dans *les habitudes* du notaire incriminé, nous inclinerions à penser qu'il y aurait contravention à l'art. 6.

Dalloz, v° *Notaire* n° 81; Toulouse, 31 déc. 1844, *contrà*, Gagneraux, n° 10.

Mais aucune incertitude ne serait possible sur l'existence de l'infraction, si le notaire avait fait signer les parties hors de son ressort et n'avait apposé dans son étude que sa propre signature.

Dict. du Not., v° ressort, n° 49; Dalloz, v° notaire, n° 81; Roanne, 5 déc. 1844.

Ce jugement est ainsi conçu:

« Considérant que MM... a apporté au domicile de Cote, en « cette ville de Roanne, par conséquent hors du ressort de sa rési- « dence, deux actes de vente et de quittance rédigés par lui dans « la forme d'actes notariés; qu'à ce domicile, il a reçu le consen- « tement et les signatures de quelques-unes des parties; qu'en le « faisant il a réellement instrumenté hors de son ressort;

» Considérant en effet, que, s'il est vrai que la signature du « notaire fait le complément de son acte en forme authentique, « cette signature ne constitue pas à elle seul l'acte, l'instrument « authentique; que la déclaration du consentement des parties, « la lecture qui leur est faite de l'acte, et leurs signatures entrent « nécessairement dans les conditions et les formalités de l'ins- « trument; qu'en constatant l'accomplissement de ces mêmes « conditions et formalités, le notaire accomplit bien évidemment « des parties essentielles de son instrumentation de notaire. »

123. Énumération de certains cas difficiles à apprécier.

1er Cas. *Le notaire qui procède hors de son ressort à une vente publique d'immeubles et rédige ensuite le procès-verbal dans son étude, contrevient-il à l'article 6?*

La cour de Cassation, par arrêt du 3 juillet 1826,

a jugé la *négative*, par ce motif que l'apposition d'affiches et la mise aux enchères constituent de simples opérations, qui tiennent seulement aux fonctions notariales et ne constituent pas *un fait d'instrumentation*.

Mais *l'affirmative* nous semble beaucoup plus juridique et a été consacrée par le tribunal de Blois, le 3 mars 1841, en ces termes :

« Considérant que ce n'est pas seulement lorsque le notaire fait signer aux parties la feuille de papier, sur laquelle il a transcrit leurs conventions, qu'il instrumente dans le sens de la loi, c'est encore lorsqu'agissant avec l'appareil extérieur qui le caractérise, étant dans l'exercice le plus parfait et le plus solennel de ses fonctions, il appelle les contractants, leur lit les charges, provoque et reçoit publiquement des enchères et les consentements, proclame enfin les adjudications, qui dans l'esprit et la conviction de toutes les parties, constituent d'irréfragables conventions, qu'il est certain, en effet, que c'est la présence du fonctionnaire et l'autorité, dont il est revêtu, qui donnent à ces adjudications leur véritable caractère; que c'est lui qui offre aux contractants les garanties que les opérations sont sérieuses, et qui sert de lien commun entre des vendeurs et des acquéreurs, qui la plupart du temps ne se connaissent pas. »

Nous pensons que la prudence doit engager les notaires à se conformer à cette solution.

Dict. du not., V. ressort, n° 51; Gagneraux, n° 8; Rolland de Villargues, eod. verb., n° 19; Ed. Clerc, traité gén. du Not., t. I, n° 29 et form., n° 114; Dalloz, v. notaire, n° 83.

124. Toutefois un notaire peut mettre en adjudication dans son étude des immeubles qui ne seraient pas situés dans son ressort; pour se conformer à la loi, il suffit que le fonctionnaire public se renferme dans son ressort pour la réception des actes.

Gagneraux, n° 9.
Orléans, 29 novembre 1826.

125. 2e Cas. *Un inventaire commencé par un notaire dans son ressort, peut-il être continué dans une maison située hors de ce ressort, pour terminer l'opération?*

La *négative* ne nous paraît pas douteuse, parce qu'il y a dans ce fait une dérogation à la règle du ressort, que n'autorise pas le texte de la loi. Il faut, dans ce cas, confier l'opération à un autre notaire, qui ait le droit d'exercer dans ce ressort.

Gagneraux, n° 6; Dict. du Not., V, ressort, n° 59.

126. 3e Cas. *Un notaire qui, comme ami ou conseil, assiste ou participe à la rédaction d'un sous-seing privé, que les parties vont ensuite réaliser par acte authentique, dans son étude, contrevient-il à l'article 6?*

La *négative* résulte d'un jugement du tribunal de Metz, en date du 24 avril 1837, ainsi conçu :

Le tribunal :

« Attendu que, dans l'ancien usage des lois, *instrumenter* signifiait faire des actes ou des contrats authentiques;

« Attendu que sous la législation actuelle, les notaires ont, comme les autres citoyens, le droit de rédiger des actes sous-seing privé, soit dans leur ressort, soit hors de leur ressort; que la prohibition établie par l'art. 6 ne concerne donc que les actes de leur ministère;

« Attendu que cette interprétation est confirmée par l'art. 1 de la loi précitée et par l'art. 1317 du Code Civil;

« Attendu que Me Dauphin n'a pas figuré en nom et comme « notaire dans le bail passé à Epigny hors de son ressort le 20 no- « vembre 1836, enregistré à Vigny le 7 décembre suivant; qu'il « ne l'a pas revêtu de sa signature, en présence et avec l'assis- « tance de deux témoins; que le dépôt n'en a pas même été fait « dans son étude, pour être mis au rang de ses minutes, en exé- « cution de la quatorzième clause de cet acte; que la contraven- « tion audit article de la loi du 25 ventôse an XI alléguée par « M. le procureur du roi contre Me Dauphin n'est même pas « justifiée;

« Attendu que la preuve des faits articulés par ce magistrat ne « peut être ordonnée, puisque, en la supposant acquise, elle ne « constaterait pas un fait *d'instrumentation*, c'est-à-dire de rédac- « tion d'un acte du ministère de Me Dauphin, fait par lui hors de « son ressort;

« Attendu que, si ces faits étaient justifiés, ils pourraient à la « vérité, donner ouverture à l'action disciplinaire du ministère « public contre Me Dauphin, même quand ils ne seraient pas « assez graves pour faire prononcer contre ce notaire la peine de « la destitution ou de la suspension, même de simples dommages- « intérêts;

« Attendu, en effet, comme l'a jugé la cour de Cassation le « 15 juin 1836, que c'est à la juridiction ordinaire à suppléer « dans l'intérêt de l'ordre public au silence gardé par les cham- « bres de discipline des notaires;

« Mais attendu que ce n'est pas pour répondre à une action « disciplinaire que Me Dauphin a été traduit devant le tribunal, « qu'il devient donc inutile de s'occuper de la vérification et de « l'appréciation des faits, qui, dans l'état actuel de la cause, ne « peuvent recevoir de solution. »

Renvoie Me Dauphin. etc.

Conf. Ed. Clerc, formul., n° 116.

127. La rédaction d'un sous-seing privé est quelquefois un expédient employé par certains notaires ambitieux, pour s'assurer la passation de l'acte authentique et s'attirer ainsi la clientèle d'un confrère voisin; ces manœuvres ne sont pas autorisées par la loi et constituent une infraction à la règle du ressort, surtout lorsque se renouvelant souvent, elles deviennent une *habitude* du notaire contrevenant.

Mais si le fait n'était qu'*accidentel* et se présentait naturellement, il serait pour les notaires un moyen facile de concilier les dispositions précises de la loi avec les exigences de leur clientèle.

128. *Existe-t-il une dérogation à la prohibition d'instrumenter en dehors du ressort?*

La seule dérogation que nous connaissions, est celle qui est prévue par l'art. 205 du Code de procédure civ., ainsi que nous avons déjà eu l'occasion de l'expliquer *suprà*, n° 112.

Aucune autre circonstance n'autorise un notaire à instrumenter dans un ressort qui ne lui appartient pas, lors même que les notaires de ce ressort seraient empêchés pour cause d'absence, de maladie ou de parenté : il faudrait alors recourir à un notaire d'une classe supérieure, dont le ressort comprenne le canton où les notaires sont empêchés. Il est presque superflu d'observer que, s'il s'agissait d'une expertise ou de toute autre opération, le notaire n'agissant pas alors comme officier public pourrait y procéder hors de son ressort, comme tout autre particulier.

Ce principe ne souffre même pas d'exception dans le cas où le tribunal aurait commis un notaire d'office; la distinction des ressorts est de droit public, et les tribunaux ne peuvent y porter atteinte.

Rolland de Villargues, v° *ressort*, n°s 22; Gagneraux, n° 3 et 5; Ed. Clerc, *Formul.*, n° 109; Dict. du Not. v° *ressort* n° 53.

Sellier, dans la note 12 n° 22, enseignait la même doctrine et a cru ensuite devoir revenir sur cette opinion dans le n° 95 de son recueil périodique, par le motif que les articles 743, 746, 954 et 969 du C. de Procéd. civ., ne prescrivent point au juge de porter son choix sur un notaire ayant le droit d'instrumenter dans le lieu où se fait la vente.

Nous repoussons cette distinction, que n'autorisent ni le texte de la loi, ni son esprit.

129°. *De l'énonciation du lieu où est passé l'acte.*

La disposition de l'article 6 devant être observée à peine de nullité d'après l'art. 68 de la loi de ventôse, l'acte doit contenir la preuve qu'il a été passé dans le ressort, et la mention qu'il renferme à cet égard ne peut être détruite que par la voie d'inscription de faux.

En conséquence le notaire qui ayant reçu un acte hors de son ressort le date d'un lieu où il a le droit d'instrumenter, se rend coupable du crime de faux.

§. 2. Sanctions pénales de la prohibition faite aux notaires d'instrumenter hors de leur ressort.

SOMMAIRE.

130. Enumération des peines prononcées contre le notaire contrevenant.

131. Du mode d'application de ces peines.

130°. *Enumération des peines prononcées contre le notaire contrevenant.*

Pour prouver l'importance qu'il attache à l'observation de la règle du ressort, le législateur a cru devoir prononcer contre le notaire infracteur des peines d'une extrême sévérité, sous le double rapport de la vindicte publique et de la réparation du préjudice que peuvent éprouver les parties.

Ces peines sont :

A. Une *suspension de trois mois* pour *la première contravention*, que peut commettre le notaire;

B. La *destitution*, s'il y a *récidive;*

La suspension et la destitution sont prononcées par les tribunaux civils, en vertu de l'art. 53 de la loi que nous commentons ;

C. La *nullité absolue* de l'acte, s'il n'a pas été signé par toutes les parties ou si la forme notariée est obligatoire pour la constatation des conventions qu'il contient.

Au commentaire de l'art. 68 de cette loi, nous verrons que l'acte aurait la valeur d'un acte sous-seing privé, *s'il était signé de toutes les parties.* Dans tous les cas cette nullité doit être prononcée par les tribunaux.

D. Et enfin les *dommages-intérêts*, qui, d'après l'expression de Loret, p. 185, sont la juste réparation des pertes qui pourraient résulter, soit pour les parties elles-mêmes, soit pour des tiers, de la nullité ou de la défectuosité de l'acte reçu par le notaire prévaricateur.

« L'intention de ces parties, en s'adressant à un « notaire, continue l'estimable auteur, était de donner « à l'acte le caractère d'authenticité qui lui procurât « la force et l'autorité d'un acte public; le notaire « aurait, dans ce cas, trompé leurs intentions; elles « n'étaient pas obligées, comme lui, de connaître les « limites de son ressort; il a reçu leur acte comme « notaire, il a donc annoncé que ses pouvoirs s'étendaient dans le lieu où l'acte a été passé; il a par « conséquent, abusé de leur crédulité, et doit réparer « les pertes qu'il a occasionnées.

« Ainsi, si l'acte, faute de signatures, est nul, le « notaire doit faire raison des suites de cette nullité; « il doit faire valoir les ventes faites, les sommes « payées, les quittances données, les obligations « consenties, en un mot, tout ce qui est contenu « dans l'acte.

« Si l'acte reçu en contravention du présent article « est une donation entre-vifs, un testament public, « qui, quoique revêtu des signatures n'en seraient « pas moins nuls, le notaire doit indemniser les « donataires et légataires des avantages qui leur « seraient faits par ces actes.

« Enfin, si l'acte est valable comme écrit sous « signature privée et est seulement dépouillé du « caractère d'authenticité, dont les parties avaient « voulu le faire revêtir, le notaire doit être garant « de la perte de l'hypothèque légale ou conventionnelle « qui pourrait en résulter, ainsi que de tous les « autres avantages provenant du défaut d'authenticité.

« Dans tous les cas, il n'y a pas de doute que le « notaire doit restituer aux parties les honoraires « qu'il avait reçus et supporter les frais qui pourraient « avoir lieu entre elle, en raison du vice d'un pareil « acte ou des suites de son irrégularité. »

A ces observations si pleines de sens de Loret, nous ajouterons que la responsabilité du notaire sera plus ou moins gravement compromise, s'il s'est offert de lui-même aux parties, sans les avertir de son incompétence ou s'il n'a fait que céder à leurs sollicitations; dans ce dernier cas, les contractants se sont en quelque sorte rendus complices de l'infraction et sont jusqu'à un certain point peu fondés à demander réparation d'un préjudice dont ils sont les principaux auteurs.

131°. *Du mode d'application de ces peines.*

Lorsque la contravention est constatée, les tribunaux sont-ils obligés d'appliquer *dans toute leur rigueur* les peines de la suspension ou de la destitution?

1er *Système*. Les tribunaux n'ont pas le droit de les mitiger.

Fouquet, Biblioth. du barreau, t. II, p. 139; Rolland de Villargues, v° *ressort*, n° 28; Dict. du not. *eod. v.*, n° 73.

2e *Système*. Les tribunaux ont le droit d'apprécier les circonstances, dans lesquelles a eu lieu la contravention et de ne sévir qu'autant qu'il y aurait eu chez le notaire infracteur intention évidente de violer la loi.

C'est à ce système que nous nous rallions, par les motifs qu'indique M. Gagneraux, n° 13: « Sans doute, « dit cet auteur judicieux, il est de jurisprudence « certaine en matière fiscale que les tribunaux ne doi- « vent examiner que le fait matériel de la contraven- « tion, sans pouvoir entrer d'aucune manière dans « l'appréciation des moyens d'excuse; mais on ne « saurait étendre cette jurisprudence aux contraven- « tions à la loi du notariat; il n'y a point d'analogie « entre les cas. Si la rigueur de la loi ne peut être « mitigée par les tribunaux, lorsqu'il s'agit de la ren- « trée des deniers publics, elle trouve son correctif « dans le droit qu'a l'administration d'apprécier la « bonne foi des contrevenants. A l'égard des notaires « au contraire, les tribunaux sont seuls juges; eux « seuls aussi peuvent exercer le pouvoir modérateur. « Ils doivent donc dans tous les cas examiner les cir- « constances dans lesquelles les notaires ont instru- « menté hors de leur ressort et ne sévir que lorsqu'il « y a intention évidente de faire fraude à la loi. »

Conf. Dalloz, v° *notaire*, n° 89; Ed. Clerc, *Formul.*, n° 118.

ART. 7.

Les fonctions de notaire sont incompatibles avec celles de juges, commissaires de gouvernement près les tribunaux, leurs substituts, greffiers, avoués, huissiers, préposés à la recette des contributions directes et indirectes, juges, greffiers et huissiers des justices de paix, commissaires de police et commissaires aux ventes.

COMMENTAIRE.

§ 1er. *Des fonctions incompatibles avec celles de notaire.*

§ 2e. *Des fonctions compatibles avec celles de notaire.*

§ 3e. *Énumération de certains cas d'empêchement ou d'excuse.*

§ 4e. *Des peines encourues par le notaire qui accepte des fonctions incompatibles. — Renvoi.*

§ 1er. Des fonctions incompatibles avec celles de notaire.

SOMMAIRE.

132. Définition de l'incompatibilité et sa différence d'avec l'empêchement et l'excuse;

133. Des motifs, pour lesquels ont été établies les incompatibilités;

134. Des diverses lois qui établissent les incompatibilités;

135. Des principes, sur lesquels reposent la règle de l'incompatibilité;

136. Énumération de diverses fonctions incompatibles avec celles de notaire.

132. *Définition de l'incompatibilité et sa différence d'avec l'empêchement et l'excuse.*

Les fonctions incompatibles sont des fonctions, qui, par des raisons d'ordre ou de convenance sociale, ne peuvent être exercées par la même personne.

L'incompatibilité diffère essentiellement des *excuses* et des *empêchements*, qui ont pour cause et pour principe un certain état de choses, une situation particulière et non l'exercice d'une autre fonction proprement dite.

133. *Des motifs pour lesquels ont été établies les incompatibilités.*

L'incompatibilité des fonctions notariales avec plusieurs autres fonctions trouve sa *justification* dans plusieurs considérations d'intérêt général et d'intérêt privé des notaires, que nous allons énumérer :

A. Un homme est dans l'impossibilité de *bien remplir* à la fois deux fonctions, dont une seule suffit pour absorber le temps qu'il peut y consacrer ;

B. Il serait *injuste* de réunir dans une même main plusieurs fonctions, dont chacune peut procurer à son titulaire d'honnêtes moyens d'existence ;

C. Il est de principe naturel qu'aucun citoyen ne puisse, soit directement, soit indirectement, exercer une autorité chargée de la surveillance de fonctions qu'il remplit dans une autre qualité, et que par l'exercice de cette autorité, il ait la facilité d'opérer une pression sur la clientèle et de la détourner au détriment de ses confrères ;

D. Nul ne peut à la fois posséder et exercer deux offices transmissibles ;

E. La justice de ces considérations est proclamée par le législateur lui-même :

« Ces diverses incompatibilités, dit M. Favard dans « son rapport au tribunal, sont fondées sur l'intérêt

« politique de la société, sur les leçons de l'expé-
« rience, sur la nature et la perpétuité des fonctions
« du notaire. Il ne faut pas l'investir d'une autorité
« chargée de la surveillance de ses fonctions notariales,
« ou lui en confier d'autres qui le distrairaient de ses
« études ou dont il pourrait abuser. »

134. *Des diverses lois qui établissent les incompatibilités.*

La règle d'incompatibilité portée dans l'article que nous commentons, n'est pas *limitative* quant aux énonciations qu'elle renferme, et il convient d'y ajouter celles spécifiées dans les diverses lois et ordonnances, dont nous allons faire la citation en énumérant chaque profession incompatible.

Nous indiquerons cependant la principale de ces lois, celle du 24 vendémiaire an III, dont l'article 1er du titre II est ainsi conçu :

« Aucun citoyen ne pourra exercer ni concourir à
« l'exercice d'une autorité chargée de la surveillance
« médiate ou immédiate des fonctions qu'il exerce
« dans une autre qualité. »

135. *Des principes sur lesquels repose la règle de l'incompatibilité.*

La règle de *l'incompatibilité* repose sur l'application des principes suivants :

A. Aucun citoyen, porte la loi précitée du 24 vendémiaire, an III, ne pourra exercer ni concourir à l'exercice d'une autorité chargée de la surveillance médiate ou immédiate des fonctions qu'il exerce dans une autre qualité ;

B. Les notaires ne peuvent pas se livrer à des travaux incompatibles avec leurs fonctions et qui les fassent sortir des bornes de leur état. Édit d'août 1765;

Ainsi un notaire ne peut pas exercer les fonctions de médecin ;

C. Les fonctions de notaire sont incompatibles avec les fonctions rétribuées de l'ordre judiciaire, de l'ordre administratif et de l'administration financière.

136. *Énumération des diverses fonctions incompatibles avec celle de notaire.*

Ces diverses fonctions incompatibles sont celles de :

1° *Agent de change ;*

Nul ne peut à la fois exercer deux offices transmissibles.

Cette incompatibilité n'empêche pas les notaires de constater les transferts de rentes sur l'État dans les villes où aucun agent n'est établi. Ordonn. du 11 avr. 1810.

2° *Avocat ;*

Déc. du 14 déc. 1810, art. 18 ; Ord., 20 nov. 1822, art. 42.

3° *Avocat à la cour de cassation ;*

Nul ne peut être titulaire de deux offices transmissibles.

4° *Avocat général ;*

L. de vent., art. 7.

5° *Avoué ;*

L. de vent., art. 7.

6° *Banquier ;*

Ord. du 4 janv. 1843, art. 12.

7° *Buraliste ;*

L. de vent., art. 7 et du 2 mars 1821, art. 6 et 7.

8° *Commerçant ;*

9° *Commissaire de police ;*

L. de vent., art. 7.

10° *Commissaire-priseur ;*

L. de vent., art. 7 et ord. du 31 juillet 1822.

Les notaires ont néanmoins le droit de procéder aux prisées et ventes de meubles dans toutes les villes où il n'y a pas de commissaires-priseurs.

LL. 26 juillet 1790, 17 sept. 1793 ; Arr. 12 fruct., an IV, 25 niv. an V.

11° *Commis greffiers assermentés près les tribunaux et les cours ;*

L. de vent., art. 7.

12° *Conseil du Prud'homme ;*

Décis. min. 1808.

13° *Conseiller à la cour impériale, à la cour de cassation, à la cour des comptes ;*

L. de vent., art. 7.

14° *Conseiller d'État ;*

L. de vent., art. 7.

15° *Conseiller de préfecture ;*

Décis. du 24 vend., an III, art. 5 et avis du Cons. d'État du 10 ventôse, an XIII.

16° *Conservateur des forêts ;*

Circul. min., 30 pluviose, an II.

17° *Conservateur des hypothèques ;*

Loi du 9 messidor, an XIII.

18° *Contrôleur des postes ;*

L. de vent., art. 7.

19° *Contrôleur des contributions directes ;*

L. de vent., art. 7.

20° *Contrôleur des contributions indirectes ;*

L. de vent., art. 7 et décis. min. des fin., 8 prairial, an XII.

21° *Courtier ;*

Ord. du 4 janv. 1843.

22° *Directeur des contributions directes ;*

L. de vent., art. 7.

23° *Directeur des contributions indirectes ;*

L. de vent., art. 7 et déc. min. des fin., 8 prairial, an XIII.

24° *Directeur de l'enregistrement;*
L. de vent., art. 7.

25° *Directeur des postes;*
L. de vent., art. 7.

26° *Ecclésiastique;*
Il n'y a pas de doute pour ceux qui reçoivent un traitement, mais pour ceux qui n'en reçoivent pas, si la loi ne prononce pas formellement l'incompatibilité, les convenances la prescrivent.

27° *Employé de la régie;*
L. de vent., art. 7 et déc. min. des fin. du 8 prairial, an XIII.

28° *Garde général des forêts;*
Circ. min., 30 pluviose, an II.

29° *Greffier de justice de paix, de tribunal de police, de tribunal de première instance, de cour impériale, à la cour de cassation;*
L. de vent., art. 7.

30° *Huissier;*
L. de vent., art. 7.

31° *Inspecteur de l'enregistrement.*
L. de vent., art. 7.

32° *Inspecteur des finances;*
L. de vent., art. 7.

33° *Inspecteur des forêts;*
Cir. min. du 30 pluviose, an II.

34° *Juge de tribunal de première instance;*
L. de vent., art. 7.

35° *Juge de paix;*
L. de vent., art. 7.

36° *Maître des requêtes;*
L. de vent., art. 7.

37° *Marchands;*
La femme du notaire ne peut même pas être marchande; ainsi l'exercice d'un commerce par la femme d'un notaire a motivé contre celui-ci de la part du ministre de la justice, une injonction d'opter entre la conservation de ses fonctions et la continuation de ce commerce. Cons. d'État, du 2 août 1834 et trib. de Mande, du 8 oct. 1843.

38° *Médecin;*
Edit d'août 1765.

39° *Membre du conseil de préfecture;*
Décis. du 24 vendém., an III et avis du Conseil d'État du 10 vent., an XIII.

40° *Percepteur;*
L. de vent., art. 7.

41° *Préfet;*
Décr. du 24 vendém., an III, art. 5.

42° *Procureur général;*
L. de vent., art. 7.

43° *Procureur Impérial;*
L. de vent., art. 7.

44° *Receveur buraliste des tabacs;*
L. de vent., art. 7 et la loi du 21 mars 1821, art. 6 et 7.

45° *Receveur de l'enregistrement;*
LL. de vent., art. 7 et 21 germin., an VIII.

46° *Receveur particulier des finances;*
L. de vent., art. 7.

47° *Receveur des postes;*
L. de vent., art. 7 et décis. min. de la just., 5 fév. 1806.

48° *Secrétaire de Mairie;*
Lettre du procureur impérial de Castres, du janv. 1848 :
« Il y a incompatibilité entre les fonctions de notaire et les fonctions salariées de l'ordre administratif. *Contrà*, déc. min. just. 10 mai 1844.

49° *Secrétaire de préfecture et de sous-préfecture;*
Décret du 24 vendém., an III et arrêté du gouvernement du 3 brum., an XIII.

50° *Sous-Préfet;*
Décret du 24 vendém., an III.

51° *Substitut du procureur impérial et du procureur général;*
L. de vent., art. 7.

§. 2. Des fonctions compatibles avec les fonctions de notaire.

SOMMAIRE.

137°. Du principe sur lequel repose la compatibilité des fonctions.

138°. Enumération des fonctions compatibles avec l'exercice du notariat.

137. *Du principe sur lequel repose la compatibilité des fonctions.*

L'incompatibilité n'est qu'un principe de droit civil : quoique fondée sur la nécessité des choses et les convenances, elle ne peut donc exister qu'en vertu d'un texte de loi.

En outre, le cumul des fonctions *salariées* est contraire à l'équité naturelle.

Comme *première conséquence* de cette doctrine, les

fonctions gratuites sont compatibles avec l'exercice du notariat.

Comme *seconde conséquence*, les notaires peuvent accepter des fonctions, qui ne sont qu'*accidentelles* et *temporaires*.

138. *Enumération des fonctions compatibles avec le notariat.*

C'est en nous appuyant sur ces diverses données, que nous donnons ci-après l'énumération des fonctions compatibles avec l'exercice du notariat.

1° *Administrateur des hospices;*

2° *Adjoint;*

3° *Commis-greffier de justice de paix;*

Dict. du Not., v° incompatibilité, n° 18; Rolland de Villargues, cod. verb., n° 1; Ann. not., t. IX, p. 222.

4° *Conseiller d'arrondissement;*

5° *Conseiller général;*

Un notaire conseiller général ou conseiller d'arrondissement peut remplacer momentanément le sous-préfet empêché; cette fonction n'est pas permanente.

Dict. du Not., v° incompatibilité, n° 33.

6° *Conseiller municipal;*

Lettre du min. just., 22 janv. 1827.

7° *Député;*

Décr. org., 2 fév. 1852, art. 29.

8° *Juge suppléant de tribunal de première instance, pourvu qu'il réunisse les conditions requises par la loi du 20 avril 1810, c'est-à-dire qu'il soit licencié en droit, ait prêté serment et exercé comme avocat pendant deux ans.*

Dict. du Not., v° incompatibilité, n° 10.

Il a été jugé par la cour de Cassation, le 3 janv. 1822, qu'un notaire licencié en droit peut être appelé pour compléter le tribunal ou vider un partage, en cas d'empêchement des juges suppléants, avocats et gradués plus anciens.

9° *Juge dans les conseils de la garde-nationale;*

10° *Maire;*

11° *Rapporteur près d'un conseil de discipline de la garde-nationale;*

12° *Suppléant du juge de paix.*

§. 3° Enumération de certains cas d'empêchement ou d'excuse.

139. 1er Cas. *Un notaire peut-il se dispenser d'être tuteur, lorsque la tutelle doit s'exercer hors du département où il réside?*

Pour la *négative*, Favard, *rép. du Not.*, v° *tutelle*, dit qu'un notaire ne peut, dans aucun cas, se dispenser de la tutelle, parce que n'étant pas assujetti à une résidence continuelle, la gestion se concilie avec ses fonctions.

Mais pour *l'affirmative*, nous répondons avec toute la doctrine que l'article 427 du C. N. dispense d'une manière absolue de la tutelle tous ceux qui exercent une fonction publique dans un département autre que celui où la tutelle s'établit, que les notaires sont des fonctionnaires publics et inamovibles et que les déplacements nécessités par leur gestion tutélaire ne peuvent pas se concilier avec l'obligation de résidence que leur impose la loi.

Décis. min. just., 2 nov. 1821; Demolombe, t. 1er, n° 408; Merlin, Rép., t. XIV, v° tutelle, sect. IV, §. 1er, art. 5, n° 13; Zachariæ, Aubry et Rau, t. I, p. 380; Dict. du Not., v° incompatibilité, n° 47.

140. 2me Cas. *Un notaire peut-il se dispenser d'être curateur, lorsque la curatelle doit s'exercer hors du département où il réside?*

Cette question doit être résolue d'après les principes que nous avons énoncés *suprà* n° 137.

141. 3me Cas. *Un notaire peut-il être expert ou géomètre-arpenteur?*

Nous pensons que ces fonctions étant purement *accidentelles* ne sont nullement incompatibles avec l'exercice du notariat; nous ajouterons même que les parties ont intérêt à employer le notaire comme géomètre, parce qu'il transcrit avec plus d'exactitude dans l'acte les mesures et les divisions qu'il a vérifiées comme expert.

Mais le notaire nommé par justice pour faire le compte et la liquidation d'une succession, peut-il en qualité d'expert procéder à l'estimation et à la division des biens immeubles qui la composent?

L'affirmative paraît indubitable pour M. Gagneraux n° 30: « Sans doute, dit ce judicieux auteur, le notaire « représente le juge dans les comptes et liquidations; « mais l'expertise est une opération entièrement « distincte. Il n'y a donc aucune conséquence à « tirer de ce que le juge ne pourrait pas y procéder. « Le juge conserve toujours sa qualité; le notaire, « au contraire, ne le représente qu'*accidentellement.* »

Du reste, la rédaction de l'acte notarié, comme nous avons déjà eu occasion de le dire, ne peut qu'y gagner en précision et en exactitude.

142. 4me Cas. *Un notaire peut-il se charger d'une gestion de biens?*

La gestion de biens ruraux n'est nullement incompatible avec l'exercice du notariat; c'est un mandat temporaire, qui est conforme à la nature des fonctions notariales et s'y rattache en quelque sorte.

§. 4. Des peines encourues par le notaire, qui accepte des fonctions incompatibles. — Renvoi.

Nous examinerons sous le commentaire de l'art. 66 de la loi de ventôse, les peines auxquelles s'expose le notaire qui accepte des fonctions incompatibles.

SECTION II. — *Des actes, de leur forme; des minutes, grosses, expéditions et répertoires.*

ART. 8.

Les notaires ne pourront recevoir des actes dans lesquels leurs parents ou alliés, en ligne directe à tous les degrés, et en collatérale jusqu'au degré d'oncle ou de neveu inclusivement, seraient parties, ou qui contiendraient quelque disposition en leur faveur.

COMMENTAIRE.

§ 1er. *Considérations générales.*

§ 2e. *Des actes dans lesquels les parents ou alliés du notaire sont parties.*

§ 3e. *Des actes qui contiennent quelque disposition en faveur des parents ou alliés du notaire.*

§ 4e. *Des actes dans lesquels le notaire est partie.*

§ 5e. *Des actes qui contiennent des dispositions en faveur du notaire.*

§ 6e. *Nullité des actes faits en contravention à l'article 8.*

§ 1er. Considérations générales.

SOMMAIRE.

143. Motifs de ces prohibitions.

144 Interprétation grammaticale des mots : EN LEUR FAVEUR

145. La prohibition prononcée par l'art. 8 est-elle absolue et s'applique-t-elle à tous les actes notariés et à la disposition la plus minime ?

146. La prohibition contenue dans l'art. 8 est-elle applicable au notaire en second comme au notaire en premier ?

143. *Motifs de ces prohibitions.*

Le législateur tenant compte des faiblesses inhérentes à la nature humaine, a édicté les prohibitions contenues dans l'article 8 que nous commentons, pour soustraire les notaires aux entrainements souvent aveugles de *l'affection* ou de *l'intérêt personnel;* il a pensé que si *l'impartialité* était la vertu nécessaire du juge et du fonctionnaire public, elle était aussi la *première obligation* qu'il dût imposer au notaire.

Il est évident, du reste, que nul ne peut témoigner dans sa propre cause, par application des maximes : *Omnibus in re propriâ dicendi testimonii facultatem jura submoverunt. L. 9, C., de testibus* et : *Nemo testis idoneus in re suâ.* Le tribun Favard, dans son rapport, justifiait ainsi l'art. 8 que nous commentons :

« S'il est défendu aux notaires de recevoir des actes « pour leurs parents jusqu'à certains degrés, on a « voulu par là leur conserver un caractère d'impartialité qui ne doit jamais les abandonner. Cette mesure « les met à l'abri de tous les combats que l'intérêt « livre à la probité, et l'affection aux devoirs, combats « dans lesquels la probité triomphe, mais qu'il est « bon d'éviter à la généralité des hommes publics. »

144. *Interprétation grammaticale des mots : Disposition en leur faveur.*

Ces mots de l'article 8 *Disposition en leur faveur,* se réfèrent-ils aux parties contractantes seules, ou bien aux notaires rédacteurs des actes, ou enfin aux uns et aux autres conjointement ?

1er SYSTÈME. *Ces mots se réfèrent exclusivement aux notaires.*

« J'ai vu prétendre, dit M. Grenier, des *donations,* « n° 49, que ces mots en leur faveur ne se rapportent « pas aux notaires, mais bien à leurs parents ou alliés « au degré déterminé par l'article 8 de la loi de Ventôse. » « —Mais cette prétention ne me paraît pas fondée; elle « est contraire aux règles grammaticales. Si le premier « pronom *leurs* se rapporte aux notaires, il en est de « même du second *leur,* qui a le même régime. S'il « en était autrement, cet article aurait dit deux fois « la même chose en ce qui concerne les parents ou « alliés des notaires; car ces mots : « *Des actes dans* « *lesquels leurs parents ou alliés seraient parties,* » « comprennent dans le sens de la loi les testaments « comme les autres actes, quoique les légataires ne « soient pas, à proprement parler, parties dans ces « testaments. Cet article a donc deux dispositions, « l'une qui regarde les parents ou alliés du notaire, « l'autre qui le concerne personnellement; et c'est, « sans doute, parce que cet article contenait une « législation sur le cas des dispositions faites en fa- « veur des notaires par tous actes quelconques, que « le Code Napoléon ne s'en est pas expliqué en parlant, « soit des testaments, soit des donations.

« Cette doctrine trouve d'ailleurs un appui dans « l'arrêté du 30 déc. 1842 sur l'Algérie, dont l'art. 33 « défend aux notaires d'insérer dans les actes des dis- « positions, dont ils retireraient un profit personnel. »

Toullier, t. VIII, n° 73, Roll. de Vill., V° *notaire*, n° 405; Dict. du Not., *eod. verb.*, n° 586; Augan, t. 1er, p. 71.

145. 2me SYSTÈME. *Les mots* EN LEUR FAVEUR *ne s'appliquent qu'aux parents ou alliés du notaire.*

M. Dalloz, v° *notaire*, n° 368, se rallie à ce système par les excellentes raisons, que nous allons reproduire :

« L'argumentation de M. Grenier tombe devant la « construction de la phrase dont se compose l'art. 8, « qui est celle-ci : « *Les actes dans lesquels les parents* « *du notaire seraient parties ou qui contiendraient* « *quelque disposition en leur faveur.* » Or, de quelle

www.ingramcontent.com/pod-product-compliance
Ingram Content Group UK Ltd.
Pitfield, Milton Keynes, MK11 3LW, UK
UKHW032020260826
14628UKWH00006B/2609

9 782329 368405